渋谷のすみっこで
ベジ食堂

渋谷「なぎ食堂」店主
小田晶房

駒草出版

渋谷のすみっこでベジ食堂

目次

＊の印が付いている語は、各章の最後に説明を入れています。

はじめに

何やら強い意思のもと、目標を持って進んでる様に思われるかもしれない。食べることが大好きで、料理をするのが大好きで、こんな場所を作ったのかと思われてるかもしれない。でも、それは大間違い。流されるままに流されて、ふらふらずるずると横道にそれて、ようやくたどり着いた先が、今なんだと思ってる。陽のあたる道から押し出されて、気付くと狭い道を歩き続けてきた。〝ウォーキン・オン・ザ・ナロウ・サイド〟、狭い道を歩け、隙間商売、隙《すき》という字は隙《ひま》とも読むのね、と今知った。とは言え、暗いと不平を言うよりも、進んで灯りは点けてきた、様な気もする。

アンダーグラウンドな世界に憧れつつ、正直、一つところに耽溺する覚悟も矜持もなく、でも、それなりに要領よくやってきたつもり。いくつもの作業……雑誌の編集や音楽ライター、DTPを中心としたデザイン仕事、インディーレーベルやイベントのオーガナイズ、舞台の照明やPA、映画の映写やエンジニアリング、ジャズ飲み屋のバーテン、レコ屋の店員、もちろん肉体労働の数々……傍からは、無造作に詰め込んだものでパンパンにふくれ上がったポケットから、ボロボロといろんなものを落としながら歩いている様に見えただろう。そして、「そろそろ自分の名刺代わりになる様なことをせなあかんのかなぁ」とぼんやり思い始めたのが、不惑を迎える10年近く前のこと。

僕らは、料理店の経験ほとんどナシで、小さな食堂を始めた。

よくそんな思いつきで始められたものだ、と本当に思う。今、自分の知り合いがほぼ料理経験なしで「オレさ、食堂をやってみようと思うんだよ。きっとうまくいくよね！」って抜かし始めたら、「がんばりや！」と口では言いながら、きっと「アホやな、こいつ。ま、少し痛い思いした方がええかもしれんなぁ」と陰口を叩いてるに違いない。それ位自分は、本当になぁんにも分かってなかった。ただぼんやりと、本当にぼんやりなんだけれど、うまくいかないということについての想像がつかなかった。何の根拠もないのに、ぼちぼちとだけれど何とかやっていけるだろう、としか考えられなかったんだ。

そうして始めたこの店は、何だかんだ言って２０１６年の12月で丸9年目を迎える。迎えてしまう。迎えてやる、きっと。ま、9年も続けてきたら、さぞかしプロフェッショナルになってるだろうと思われるだろうけど、全くもってプロじゃない。「素人料理」や「家庭の味」を看板に掲げた商売アマチュアって意味でもない。今も毎日、何時間も料理を作ってるけれど、正直、〝仕事〟って気分じゃない。日々見たこともない、食ったこともない食材や料理に驚き、「こんなごはん作ったら面白いかも！」なんてことを考えて、ワクワクしてるだけ。レシピ本を2冊も出しながら、自分はやっぱりアマチュアの料理人だと思ってる。調理師免許も持ってないしね。嗚呼、何と無責任な！

そんな輩の店の数年間について書いてみませんか、という酔狂な話を持ってきた編集者がいる。編集者時代からの気心知れた友人。「きっと読みたいと思う人がいますよ」とニコニコ話してくれるけれど、この本ができ上がった時に果たして同じ表情をしてくれるだろうか？

そんな不安をいっぱいに抱えつつ、小さな店の途中経過……そうだ、まだ何も完成していないし、何もやりたいことがやれてない！……をゆっくりとお届けしようと思う。もしかして、「やみくもに自分の店をやってみたい！」って思ってる方や、人生に行き詰まってる方にとって、何かしらのきっかけになれば、これ幸いです。

第一章　ふらふらしていた日々が、店への憧れを育てた

カントリーやフォークに夢中な小学生、必要にかられて料理をし始める

子どもの頃からどこか、マイノリティーっぽい意識があった。決して仲間外れにされていたわけでも、いじめに遭った記憶もない。ちょっと小生意気な子どもだったから、友人とも大人ともうまく帳尻を合わせてそれなりにやっていた感じ。

大阪郊外の巨大な団地で育って、同世代の同じ様な友達が山ほどいて、遊び相手には事欠かない日々だったけど、皆で野球していても、友達と自転車で走り回っていても、なんだか尻の座りが悪いというか……。人と話すのは楽しいんだけど、興味がない話に関わるのがちょっと面倒で。学校の休み時間には、小便がしたいわけじゃないのに毎回毎回トイレに駆け込んで、トイレの近辺で休み時間を費やす様な、そんな子どもだった。そのせいかどうかは知らねど、今だにトイレが近い。

家に帰ったら帰ったで、事情が事情で日曜日の昼以外父親が家に存在しないのをいいことに、ほぼ母子家庭の様な気楽な毎日を送っていた。遊び放題のはずなのに、父より気を遣う変わり者の2歳違いの兄がいた。今考えれば2歳の差なんて屁ぇみたいなもんだけれど、当時は簡単に超えられないほど大きな隔たりがあった様な……。とにかく兄の存在と動向をいつも気にかけてばかりいた。

母が仕事に出かけた給食のない土曜の昼には、「パンでも買って食べ」とばかり、いつも小さく折った500円札がテーブルの上に置かれていた。わざわざ遠くまで買い物に行かなくとも、団地の下に洒落たパン屋があって、なかなかにうまいカレーパンやらメロンパン、時にはオリジナルのカメパンやチョココロネを買って食べていたけれど、やっぱり毎週じゃ辛くなる。テレビで『ノックは無用！』を見ながら、

「なぁ、アキノブ、パン食うの飽きたわ。何か作ってぇや」

と兄に命じられ、袋の裏の仕様書に従ってインスタントラーメンを茹で始めたのが小学校4年の頃。その後、注文のハードルはどんどん高くなり、母が置いていった500円を二人で小遣いとして山分けにする為にも、「冷やごはんで何かできへん？」と難題をふっかけてくる兄に対応して、いつのまにかチャーハンを炒めたり、玉子丼を作れる位にはなっていた。また、兄のいない日は、食パンに薄く辛子を塗って、その上にマヨネーズとケチャップを混ぜた、今で言うオーロラソース（当時は自分でアキちゃんソースと呼んでた）を振りかけ、ほんの少しだけトースターで焼いた物が好物だった。

　こうやって飲食店をやってると、よく「どうやって料理を覚えたの？」と聞かれるけれど、必要にかられて知らぬ間にできる様になっていたというのが事実なもんで、うまく説明することができない。

　関西ローカルの人気番組『ＭＢＳヤングタウン』や『ＡＢＣヤングリクエスト』も嫌いじゃ

なかったけど、パーソナリティのしゃべくりがメインで、知らない音楽が聴けるわけじゃない。よく聴いていたのは、兄が教えてくれた近畿放送（現ＫＢＳ京都）の『日本列島ズバリリクエスト』。中でもカントリーシンガー、諸口あきらや高石ともやとザ・ナターシャ・セブンの夜に流れていたカントリーやブルーグラス、オールドタイミーや古いフォークミュージックに、子ども心に夢中になり始めていた。そして11歳の誕生日にはずっと欲しかった5弦のバンジョーを手にした。

「小学生でカントリーやオールド・フォークミュージックに夢中になるなんて、何てスレたガキ！」と思われるかもしれないけど、１９８０年前後の京都では大して珍しくもなかった。高石ともやや永六輔らが円山音楽堂で主催していた「宵々山コンサート」には、当時の若者以上に旧フォーク世代の親に連れられた子ども達があふれ、コンサートそっちのけで走り回り、ファミリーコンサート的空気をかもし出していた。

また、御所の広大な庭園や鴨川の河原に足を運んでみれば、アメリカ民謡研究会と思しき大学生のブルーグラスバンドが大抵2、3グループ練習していて、30分もその場で聴くだけでブルーグラスのバンジョー定番曲「フォギーマウンテン・ブレイクダウン」位は口ずさめる様になるほど。晴れた日の公園や河原で軽妙なアコースティックミュージックが流れていたことなんかも、よくよく考えてみれば何て素敵な話なんだろうと。自分が京都の大学に入った80年代の後半にはもう姿も形もなくなっていたから、75〜84年頃のたった数年のブームだったのか？

いやぁ、今から考えたら何という時代！　その頃の京都は、もしかして日本のケンタッキーかテネシーだったのかもしれない。

京都での大学生生活とバンちゃんとの出会い

80年代後半に成人を迎えた僕は、バブル世代と呼ばれるんだろうけど、残念ながらバブルの経済的な恩恵などは受けちゃいない。でも浮っついた時代のゆるい空気をはじめ、精神的な恩恵はお釣りが出るほど受けていて。まだ未来に夢を持てた時代だから、この世代は本当に甘くて打たれ弱いし、そのくせプライドだけは高い。もちろん、自分も含めての話だけど。

だからってわけじゃないけど、高校卒業間際になっても、将来について何も考えていなかった。大阪の地元の公立高校ではほとんどの人が大学の受験を考えてる頃、たまたま知りあった小さな舞台照明の会社に、

「ちょっと興味あるので入れてもらえないですかね？」

とお願いし、

「ええよー」

と口約束ですんなり入社してしまった。技術職の見習いだけに給料が安いのは仕方ないものの、朝から晩まで働いて、遊べないしバンドもできないということに気付き、半年でやめ、遠回りして京都の大学に通うことになった。

　京都の街中を自転車で闊歩することが、子どもの頃からの夢だった。大学にはほぼ足を運ばないので学校に友人はいなかったけど、中学時代から親しんだ喫茶店やレコード屋に加え、古本屋や飲み屋の巡礼をするだけでとにかく忙しく、楽しくて仕方がなかった。その頃、友人の女の子（後の嫁さん）から、

「ちょっと面白い人がやってる店があんねん。話合いそうやから一度行かへん?」

と声をかけられた。自分が苦手なお洒落スペースの様だったので「何や、面倒くさいなぁ」と思いながらも足を運んでみると、そこには妙に気さくで、何だか大きな兄ちゃんが座ってた。それは、スマッシュ・ヒッツというイカしたバンドをやっていた、バンちゃんことバンヒロシさんだった。

　バンちゃんのことは、一方的に知っていた。ロカビリーバンド、スマッシュ・ヒッツはもちろんのこと、サブカル全盛期の『宝島』[*1]誌で「京都てなもんや通信」という京都の裏の裏（嘘を含む）を紹介する連載をしてたり、ラジオ関西『つかしんミュージックウェーブ』等でディスクジョッキーもやっていた関西の有名人。そして、何よりも気になってたのは、まだ酒も飲めぬ十代の頃、万歳倶楽部という伝説のバーを立ち上げたことだった。万歳倶楽部には、その

時代のサブカル文化人達が京都にくるたびに立ち寄って、夜な夜な奇妙なことが繰り広げられていた、と噂だけは聞いてて。バンちゃんは、

「いやぁ、まぁ、万歳倶楽部はとにかく店がやりたかっただけ。若かったし」

と多くを語りたくないみたいだった。

「それよりもな、今度こんなことしよう思ってんねん……」

と、過去より今のことをしゃべる方が楽しそうだった。当時彼は、騒音Gというクラブを閉め、マンションの一角を改造した、ア・ラ・モード洋品店という古着屋でレコ屋でカフェ、というごった煮な場所を運営していた。

　また、東京から大貫憲章[*2]やS-KEN[*3]、ビブラストーン[*4]等を招いて、旧友でもある安田謙一[*5]さんのDJを加えた形でクラブイベントを手掛けていた。その洒落た感じや業界的な空気は苦手だったけど、自分が会う時はそんな雰囲気を微塵も感じさせなかった。とにかく、新しい音楽への特異な嗅覚と行動力にいつも驚かされていた。そして何より「やりたいことは一人でもやる」姿勢がカッコよかった。

　ある日、バンちゃんからこんなことを相談された。

「ア・ラ・モードをやめて、飲み屋をしようと思ってるんやけれど、小田君らのバンド名、貸してくれへん?」

その頃僕は、高校時代の友人達とMODE-3Pというバンドをやっていた。録音が中心で、ラ

イヴはほとんどしていなかったんだけれど、バンちゃんがピチカート・ファイヴを初めて京都に呼んだ際、泣きついて前座をさせてもらったことがある。そんな恩もあるバンちゃんの頼みを断れるわけもないし、自分達のバンド名が店の名前になるなんてちょっとカッコええやん、とチャラいことも思ってたりして。

先斗町の細い路地沿いにできた明らかに怪しいバー、MODE-3Pはそれまでの業界っぽさは影を潜めていて、自分よりも年下の、新しい音楽が人一倍好きなM君とちょっと抜け作の可愛いNちゃんが迎え入れてくれた。「めっちゃ面白い場所やけど、こんな店、長く続かないやろなぁ」と思っていた矢先、わずか半年ほどでこの店はクローズする。

店の片付けを手伝いながら、バンちゃんからダンボール箱を一つもらった。そこには、レアなものからどうしようもないものまで、とにかく7インチ・シングルがぎっしりと詰まっていた。何だかちょっと形見分けの様な気分だったけれど、とてもうれしかった。

「この先どうしはるんですか？　もう店とかイベントとかせぇへんのですか？」

「うーん、安田も神戸に帰ってもうたしなぁ。何か京都も面白くなくなってきたしなぁ。しばらく消えるわ」

あれだけ精力的に活動していたバンちゃんは、その後プツリと皆からの連絡を断ち切り、10年近く本当に姿を消した（ちなみにバンちゃん、現在はbambinoを率いて、以前以上に精力的に活動している）。

京都のバル、セサモでの宝物の様なバイト体験

京都の繁華街のど真ん中、三条河原町をちょっと上がった路地を東に入った場所に、かつてフリージャズをガンガンに聴かせるジャズ喫茶、ZABOがあった。大学に入ってしばらくした頃、ZABOの跡地あたりにちょっと洒落た飲み屋を見つけ、「どんなもんかいな」と、トントンと地下に降りてみたら、あの漆黒のZABOが、セサモという名の漆喰のスペイン風バルに変わっていた。

銅のグラスになみなみと注がれた赤ワインを飲みながら、「あ、この飲み屋、ライヴとかやってるのかー」と、壁に貼られた何枚かのビラに目をやると、その頃好きだったジャズシンガー安田南[*6]が、1ヵ月後にこの店でライヴをするとの告知が。でもちょっとチケットが高い。「うーん、紛れ込むいい方法ないかな」と思ったら、横に「スタッフ募集」の貼り紙が。

「すいません、ここでバイトさせてもらえませんか?」

そんな言葉が自然と口をついて出た。そして、その日から約5年、このカウンターの中で過ごすことになった。

店長や形態が代わりつつも、いまだに老舗として元気に営業を続けているセサモだが、この時はまだオープンして2年半位。地下なのになぜかL字型になっている店内には、スペイン風

バルをベースにしながら、親会社のアジア～中近東の民芸雑貨輸入会社であるグランピエ商会が集めてきた、世界各地の雑貨や椅子、布、食器、器などが並び、特異な空気をかもし出していた。また､週に2、3回ほどはジャズピアノやスパニッシュギターの生演奏が行われていたが、それはライヴというより独特のムードを演出するＢＧＭ的な印象のものだった。しかし、それ以上にこの飲み屋が他の店と違ったのは、いつも赤ら顔でニヤニヤ、そして時々激昂している店長、Ｆさんのキャラクターだった。

Ｆさんはあの頃まだ30代の後半位だったのか？　その割に何だか老成した雰囲気が漂っていた。この店でマスターになる前は、北白川の日本の無国籍料理（？）の草分け的存在であり、グランピエ商会が手掛けた最初の飲食店、カプリチョスで料理長兼店長を務めていた。コロニアル風の内装のこのレストランのことは、高校時代に『宝島』の京都特集で見て知り、すでに何度か足を運んでいた。

そのカプリチョスは、今みたいに東南アジアの料理が一般的ではなかった時代に、タイのトムヤンクンやベトナムのバインセオ[*7]、奄美大島の鶏飯の様なメニューから、たぶんラオスやタイの料理、ラープ[*8]をベースに考案されたと思しきオリジナルメニュー、納豆と挽き肉のアジア風炒め等々、ちょっと他では食べられない料理を安価で提供してくれる面白い店だった。また、自分にとっても初めて東南アジア料理の面白さ､おいしさを教えてくれた場所でもあった。元々Ｆさんはイタリア料理のシェフだった様だが、アジア料理のレシピがあまり出回っていなかったあの時代に舌の記憶だけであれだけのメニューを考案したことに、ただただ敬服する。

ただ、セサモはレストランではなく飲み屋ということもあり、Fさんは酔っ払い、冗談めかして、

「いやいや、小田君、僕ちゃんがね、本気で料理を作ったら高くなっちゃうのよ。天才だから！」

と語ることはあっても、その確かな料理の腕前を見せることはなかった。それ以上に、見た目の洒落た感じとは裏腹に、この店は飲み屋としても今考えてもどうかと思う様な店だったのだ。

「酒飲みたかったら仕事中どんだけ飲んでもいいよ。ただ、ちゃんと仕事ができる状態だったら、だけどね。仕事できないんだったら飲んじゃダメ」

結局、Fさんや自分が泥酔しながらもちゃんと仕事ができていたかどうかは、今や藪の中だが、お客様からご相伴いただくお酒以外にも、カウンターの中にはスタッフ用のビールがこっそりと用意されており、2名のスタッフで3日で2ケースを開けるのが日常。ただただ夢の様な日々だった。

閉店時間は夜中の2時頃だったのだけれど、その時間で店を閉めることはなかった。もちろん、こちらもその時間にはかなり深く酔っているので、時間の感覚もなくなってくる。ある日、すでに3時近くなった頃、まだ気持よく飲んでおられる常連のお客様に、少しタメ口気味に、

「この店は2時までっスよ！」

と言ったことがある。そして瞬間、僕はFさんに首根っこをつかまれた。

「お客様が楽しんでる間は営業時間。君が決めるもんじゃない。笑って飲んどけ。もしくは何も言わずに帰れ」

他の系列店では、スタッフに賄い飯が出るが、セサモではそれがなかった。毎日夕方の4時に鍵を開け、掃除と開店準備をした後、賄い飯の代わりに街に夕食を食べに行き、6時に店をオープンする、というのが一つの流れになっていた。店の外に出るとそこは京都一の繁華街、あらゆる種類の飯屋が立ち並んでいたわけで、中華料理だったりウナギだったり天ぷらだったり洋食だったりピザだったりと、その日の気分で、贅沢ではないけれどちょっとおいしい店に連れて行ってもらえるのが、何よりありがたかった。

「僕ちゃん、グルメだから。ちゃんとおいしい物を食べてない人は、おいしい料理なんか作れない。あと、いくら貧しくても、エサみたいにごはんを食べるの嫌い。ちゃんと食え」とFさんは教えてくれた。彼と一緒に仕事をした3年間、怒鳴られたり教えられたことは山ほどあるけれど、なぜかこのことだけは、今もなおずっと忘れずに守っている。

この経験は、今に大きくつながっている、と思う。自分は誰かに料理を教わったことはほぼないけれど、勝手にFさんの弟子だと思ってる。

大学卒業後、目的もなくニューヨークへ

大学を卒業する頃、何も考えていない自分は、周りの人間が就職活動に精を出しているのを尻目に、相変わらずぼんやりとしていた。心の奥では「大学院にでも行けないかなぁ」とモラトリアムを続けるつもりでいたものの、実際勉強などほとんどしちゃいなかった。ただ、気付くと、留年するでもなく、院試験も受けることもなく、学校から卒業してしまった。

留年を覚悟していたので少しだけ貯金をしていた。それ加えて親に結構なお金を借りて、ニューヨークに行こうと思い立つ。とにかく「行けば何かあるんじゃないか?」という軽い気持ち。しかし、その時すでに24歳だった僕に、親もよくぞ金を貸してくれたもんだと思う。バブル万歳（嘘）。

当時、ニューヨークまでの往復の航空券3ヵ月のオープンで30万円位はしていた。向こうに知り合いがいるわけでもないし、野心も目的も何もなかった。「もしかして一週間位で寂しくて帰ってきちゃうかもしれんわー」なんて気楽な旅。ただ、今と違ってインターネットもないし、情報もない。『地球の歩き方』なんぞを買うのも、自分の興味とはちょっと違う。まぁ、行ってみたら何かあるかもなぁ、というアバウトさ。バカだなぁ。

ジョン・F・ケネディ空港に着いたのは深夜の2時過ぎだった。とりあえずタクシーに乗っ

てマンハッタンへ。ニューヨークの真ん中にあるホテルに1泊して、翌日には人伝手に聞いていた週極、月極が可能な安ホテルへと移った。週に200ドル、1ヵ月泊まると600ドル位と少し安くなる様なホテル、ボロボロだけれど必要なものは全部揃ってるし、自分にはちょうどいい感じだった。そのホテルは、日本人やアジア人の長期宿泊者がたくさん住んでいた。二年、三年住んでいる人もざらだったし、その後、友達になった人の多くも、そこをワンストップしていたのを後で知る。ある晩、外の階段、ファイアーエスケープあたりに出てみると、一人でマリファナを吸ってる輩がいる。別にマリファナ云々を責めるつもりはないけれど、あんまり幸せそうな感じがしなかった。

次の日の朝、不動産屋に行ってすぐにアパートを借りた。イーストヴィレッジ……と言えば聞こえはいいけれど、アベニューAとBの間で1ヵ月550ドル位。ちょうどウィリアムズバーグ公園の暴動が起こって閉鎖された直後、当時はまだまだ治安は悪かったけど、ようやく憧れのニューヨーク生活が始まった様な気がした。その頃はちょうど、ダウンタウンに日本食レストランが次から次へとでき始めた頃で、「まぁ、何とかなるだろうな」と安易な気持ちで、買ったばかりの体育館のマットレスの様なFUTONに潜り込んだ。

日本料理店で天ぷらを揚げる日々

家から歩ける場所で仕事場が見つかれば楽だと思い、ワシントンスクエアのすぐ横にあった日本食レストランに無事潜り込んだ。面接で、

「ウェイターにする？　キッチンにする？」

と聞かれ、あんまり考えもなく
「調理経験あるのでキッチンでお願いします！」

とさらりと嘘を吐く。ご存知の通り、アメリカではウェイターとキッチンの仕事は全く別もの。ウェイターは、お客様からチップをもらう出来高制で、キッチンの方は固定給となってる。仕事量としては、ウェイターは時間的にも結構気楽で、いろんなところで遊べたりしていた。キッチンの方は朝から晩までみっちりという感じで労働として大変で。この店は、ニューヨーク州立大学の近くにあったので、昼は学生がひっきりなしにやってくる。ゆえに、ウェイターの友達は効率よく稼いでいて、すぐに「しまった！」と思ったもの。


元々家でも、揚げ物も含めて自炊はふつうにやっていたこともあり、いきなり天ぷらの担当になり、朝から晩までフライヤーの前で天ぷらを揚げていた。キッチンの世界は本当に〝職人〟的な感じだけど、ニューヨークで一旗あげてやる、って思ってる様な人ももちろんいて、その

後、素敵な自分の店を立ち上げていたけれど、「なぜきちゃったかなぁ」みたいな人も少なくなかった。5年も10年も住んでるのに英語が話せない人も多かったし、日本人コミュニティーの中だけで暮らしてる人が基本だった。

そのお客の7割方はニューヨーク州立大学の学生なんだけど、サトシ・トミイエさんみたいな有名人もしょっちゅうきていた。ある日、ブラジル系のライヴに行ったら、憧れのトーキング・ヘッズのデヴィッド・バーンが目の前に座ってて、

「よかったら今度うちの店に食べにきて！」

と誘ったら、その晩にはきてくれてる様な、カジュアルだけれど、ちょっとヒップな感じ。でも自分は、こういう店は何の為にあるんだろうって、全く分からなくなって。

ある日、キッチンのチーフみたいな人が入ってきた。経歴を聞いたらいろんな店で働いてきた人で、職人肌でまじめそうなんだけれど、どことはなしに行動がおかしい。賄い飯を作ってくれるんだけど、すごくおいしい時と、全く味のしない、劇的にまずいものを作る時があって、自分は作るだけ作って、ほとんど何にも食べない。しばらくして分かったんだけれど、アルコール中毒で完全に舌が麻痺していて、勘だけで料理を作っていた。もちろん技術はあって、見た目もまともなんだけど、静かに狂ってる人だった。

もちろん、人もそれぞれいろんな人生があり、否定するべきことじゃない。ただ、アル中で味が分からなくなった料理人や非常階段のマリファナ吸ってる兄ちゃん達を見て、とにかくい

ろいろ考えてしまった。その頃は毎日ライヴやクラブに行き、それなりの刺激もあり、友達もたくさんできて楽しくて仕方なかったのだけれど、そこにいる意味を一つ一つ考え始めた。

それでも、やっぱり楽しくて半年はこの街にいすわっていた。何もやりたいことは見つからず、それでもずっと、うだうだしながらいるんだろうなぁって思ってたけれど、ある日突然、親から「金返せ」と連絡がきて。

「いやいや、今まだ楽しいし、帰られへんわ。ごめんやけど」

と言ってたんやけど、他にもいろいろ事情が重なり、一番楽しくて仕方がない頃に、とりあえず一度日本に戻ることにした。正直、「何か不甲斐ないなぁ」と思いながら。

帰国、無気力、そして上京

日本に帰ってきてからすぐは、とりあえず金を稼がなくちゃ、と昼は建築現場で揚重《ようじゅう》（荷揚げ）の仕事、夜は以前から続けていたバーでせっせと働いていた。実を言えば、当初はニューヨークで知り合った女の子がいて、その子とブルックリンで暮らそうという計画があったのだけど、いろんなことが起こり、半年位で全てがダメになった。その冬にもう一度ニューヨークに行き、この場所で生きてみようかとも考えたりもしたけれど、いくら腹の中から振り絞ってみても力が湧いてくることもなく、それ以前に楽しくないのに何でいなくちゃならんのだ、と、そそくさと帰国。

当時25歳、今から考えたらまだまだ若いし、そこから何でも始められる年齢だったはず。なのに「何か俺、終わってしもたなぁ」という気持ちでいっぱいになっていた。ちょっとダメになった位であきらめる……その程度で世界の終わりと思っちゃう青春の蹉跌。とにかく、もうアメリカは嫌だって思いながら1年半位、死んだ魚の眼で過ごすことに。

このあたりの記憶が本当に曖昧で何も浮かんでこないんだけれど、大学時代からずっと続けていたモノグラムっていうテクノバンドも、ヴォーカルであり、ソングライターの核でもあった中井敏文さんが東京に行ってしまい、開店休業状態、時折頼まれたら友達のバンドのレコーディングをカセットMTRをかついで録りに行く程度のぼんやりした日常が続いていた。

ある晩、就職したデザイン事務所をわずか半年で辞め、フリーになっていた中井さんと電話で話していたら、

「リットーミュージック[*9]の『サウンド&レコーディング・マガジン[*10]』（以下サンレコ）のデザイナー募集っていうのがあるから、行ってみようかと思ってる」

と。高校生の頃からサンレコは欠かさず買っていた愛読誌、電話で話しながら募集の記事を見てたら、その下に「編集者募集。30歳まで」と書いてある。

「30歳まで……30歳までかぁ。うーん、編集経験なんてないけど、いける様な気がする」

と試しに受けてみたら、

「いつから東京にこれますか？」

と。その時すでに27歳、大学を出て3年位経っていて、かつ就職なんてしたことがなく、編集ってものがどんなものかまったく分からない馬の骨。そんな輩を雇ってくれるというだけでありがたい、とひょこひょこ上京したのは、ちょうど阪神淡路大震災の前の年のこと。

ずっと好きだった京都を離れたいと思ったのには理由があった。自分が住みながら、京都という街への愛憎半ばする思い。飲み屋に行けば、大学生がいて、元大学生がいて、元々大学生がいて……っていう具合に、モラトリアムがずっと続いているカウンター。で、その向こうには、ちょっとわけ知り顔なオヤジがいる。で、そのオヤジは基本いい人なんだけれど、ふとしたはずみにお説教される。横の元々大学生みたいな人にも、

「若い頃はええけど……」

ってちょっとチクリと。その説教やアドバイス自体は結構的を射ていたりするんだけれど、「このままここで暮らしていたら、いつのまにか自分もカウンターの向こうにから、若い子に何か言い出しかねないな」と。言われるのは別にいいのだけれど、人に偉そうに言ってしまう様になるんじゃないかってことに、ただただ恐怖を感じていた。

ま、結局、今、50歳になろうとして、東京であんまり変わらないことをやっている様な気も

するんだけれど、いやはや、何だかなぁ。

＊1：1973年、晶文社から刊行され、翌1974年にJICC出版局（後の宝島社）から同誌名に誌名変更を経て刊行された雑誌（2015年に休刊）。70〜80年代にはサブカルチャーの代名詞的存在として支持を集めた。
＊2：1951年生まれの音楽評論家、ディスクジョッキー。UKロックやパンクロックに造詣が深く、雑誌やラジオ番組等で活躍。LONDON NITEの主宰者。
＊3：音楽プロデューサー、ミュージシャン、作詞家、作曲家。パンクロック・イベント、東京ロッカーズを開催するなどシーンを牽引する存在として活躍した。
＊4：ミュージシャンで音楽評論家としても活躍している近田春夫が1987年に結成したヒップホップ・グループ。
＊5：1962年兵庫県生まれ。文筆家、ロック漫筆家、ラジオDJ、作詞家などマルチな活動で知られる。氏が発行した『3ちゃんロック』に著者は多大な影響を受けた。
＊6：1943年北海道生まれのジャズシンガー。ジャズの枠に捉われない奔放なスタイルで1970年代に人気を集めた。
＊7：ベトナム風のお好み焼きと呼ばれる料理。ターメリックで色付けした米粉ベースの生地を薄く焼き上げ、野菜や肉の具を載せ、二つ折りしたもの。
＊8：ラオスやタイの一部地域で食べられている炒め料理。鶏、牛、豚やアヒルの挽肉と煎り米を、ライム果汁やナンプラー、唐辛子と共に炒めたもの。
＊9：音楽や楽器関連の雑誌や書籍を取り扱う出版社。
＊10：リットーミュージックが発行する、音響や録音技術を取り扱う月刊音楽専門誌。

第二章　なりゆきで編集者に、やがて自営業者になった

ミュージシャンにはなれないけど、橋渡しにはなれる

京都を離れて東京に向かった理由はもう一つある。その頃、京都で周りにいたミュージシャンを全国区で紹介することはできないかな、というひそかな思い。お恥ずかしながら24〜25歳位までは、「自分ももしかしたらミュージシャンとして食べていけるんじゃないかな？」なんて気持ちも少なからずあったんだけど、京都の、それも自分の周りの小さな小さなコミュニティー内のレベルで才ある存在……例えばふちがみとふなと[*11]の船戸博史や渕上純子、現在mama! milk[*12]をやってる清水恒輔やpopoの喜多村朋太の様な優れた音楽家がいて、自分は明らかにこの人達には一生かなわない、と痛いほど気付かされた。技術ももちろんだけれど、音楽が好きだという度合や向き合い方が全然違う。しかし、そんな彼らですら音楽で食っていくことが全然できない状況の中で、自分が音楽を作る側にいくのは無理だとはっきり悟った。

ただ、その頃京都と東京は、今とは比べものにならないほど遠かった。新幹線の切符の値段もかかる時間もそんなに今と変わらないのに、確実に距離があった。京都の友人達の音楽は、東京で鳴ってる音と比較しても、圧倒的にオリジナルで面白いと自信を持って思うのに、東京に場所を移さなければちゃんと評価されないという現実に、苛立つ部分もあった。もし自分が東京に行くことで、そんな人達を少しでも紹介するパイプ役になれないかと、おこがましくも

思ったりした。もちろん自分の「面白い」という感覚が、狭い世界での勘違いかもしれない。けれど、少なくともリスナーとして、洋の東西、さまざまな音楽を見聞きしてきて、その上でオリジナルなものが生まれていると信じていた。

その思い込みが確信に変わったのは、上京して4、5年ほど経った時のこと。京都に、六曜社地下店という喫茶店のマスターであり、60年代の終わりから歌い続けているオクノ修さんというシンガー・ソングライターがいる。僕は中学校の頃、小さな喫茶店で初めて修さんの歌に出会い、夢中になっていた。ただそれは、世間の狭い中学生の思い込みなんじゃないかとずっと思い続けながら大人になり、気付けば音楽ライターを職としていた。ただ、修さんと同じ様な歌には、その後もほとんど出会えなかった。

その修さんが70年代初頭に自主制作で出したレコード（わずか300枚程度と言われている）を、取材で訪れた久保田麻琴[*13]さんの家で見つけた時の驚きを忘れない。久保田さんは、

「これ、いいよね。知り合いづてにもらったんだけれど、何年か一度、とても聴きたくなるんだよ」

と言っていて。その後、久保田さんがこのレコードの再発を企ててくれ、ライナーを書かせて頂いた。その作品は、１９９8年頃に「京都の伝説のシンガー」の様な感じで捉えられて、話題になったもの。また、カフェブームの発端でもあるカフェ・ヴィヴモンディモンシュ[*14]の堀内隆志さんが、喫茶店のマスターとして修さんのファンだった。折からのカフェブームとレコー

ドの再発が重なった、というのもあるけれど、何よりその音楽自体がオリジナルだったからだ、とはっきり思っている。何の情報もなく子どもの頃から大好きだった音楽が、時代を越えて本物だと認められた事実が、ただただうれしかったのだ。

上京のタイミングですでに27歳、編集者としての勉強や経験を積まなければならないのも分かっていたけれど、それ以上に、関西の好きな音楽とどう向き合ったらいいのかを考えていた。その後、ふちがみとふなとのお手伝いをしたり、インディーレーベルを始めて以降も、長谷川健一やたゆたう、三田村管打団やpopo、かきつばた、細馬宏通のかえる目をリリースしたりし続けたのも、そんな思いが続いた結果なんじゃないかな、と思ったりしている。

サンレコ編集部へ。3ヵ月ちょいで編集をナメ始める

雑誌編集部の契約社員、と言っても、三十路前にして何の編集経験もない役立たず、当初は小僧の様に雑用ばかりやらされるんじゃないか、と覚悟を決めて出社した。でも、その頃の『サウンド&レコーディング・マガジン』の編集部はとても自由で、何をしても許される様な空気があった。編集部員も同世代の輩ばかりというのもあり、仕事を始めてわずか3カ月で、雑誌

のメイン特集を担当させてもらうことになる。

　その特集のテーマは「音像研究」。その雑誌は音楽誌と言えど、「最新のレコーディング機器をチェック！」だの「ハードディスクレコーダー、ここが選びどころ」だの、録音機材の業界誌的な専門情報が売り。ただ、自分の企画は正直キワモノだった。ローファイやグランジの様な「音が悪い」ことに新たな価値を見出す概念が出てきた時期であり、リイシューブームもあり、最新のサウンドと五十年前のくぐもった音が同じ様に聴かれ始めた頃でもあった。楽曲やアレンジではなく、「音質」や「響き」の違いによって音楽がどの位変わってくるのだろうか、というとても抽象的な特集を企てたのだ。また、同誌初めてのCD連動企画で、ミュージシャンの鈴木惣一朗[*15]さんに一つのフレーズを、エフェクトや録音方法でどれだけ異なる形で聴かせられるかという無茶振りまでさせてもらった。この特集で、ヤン富田[*16]さんや大友良英[*17]さん、富田勲[*18]さんといったずっと憧れていたミュージシャン達にインタビューさせて頂けることになって、ただただ緊張したもの。特に大友さんはこの企画に対して、

「今、こういうことを話したかったんだよ！」

と喜んでくれていたことを忘れない。まだ「音響」ブームが生まれるちょっと前の話。

　その数年前から考えていたことが、編集部に入って半年も経たずにできてしまい、それでちょっと編集という作業自体をナメてしまった部分もある。本や雑誌の面白い企画って、恐ろしく長い時間勉強して、研究して、取材して作り上げるものだと思っていたのが、あっという

間に形にできてしまったから。

ところがそんなイキりまくった鼻っ柱も、あっという間にへし折られることになる。その3ヵ月後、ちょうど二度目の特集企画を担当した際に、締め切りの前日に十二指腸潰瘍で入院、緊急手術で胃の2／3を摘出することに。その特集は、「低音が音楽に果たす特別な役割とは？」と言いつつも、とにかく低音をブリブリ出したらどうなるかという、馬鹿企画だったんだけれど、とにかく抽象的なテーマ、加えTB-303でサンプルフレーズを作ったり、やたらと大変だった。また、別に添付CD-ROMでのディレクタームービーのディレクションも重なって、ストレスと疲労がピークになっていた。十代の頃に十二指腸潰瘍と指摘されたのだけれど、治療もせず胃薬だけでだましだまし暮らしていた。それが、深夜の3時過ぎに会社から救急車で搬送され、翌朝手術。結局その日から一ヵ月半ほど休まざるを得なくなった。

正直、それまでの自分は、締切は守れないし、約束にも遅刻する様な、だらしないところはもちろんありながらも、「ちゃんとやらなあかん、イエスかノーか、さぁ、どっちだ！」みたいなピリピリした部分があった。なおかつギラギラとした野心も少なからず持っていて、何一つ確立もできていないくせに、「できる」と思い込んでるところがあった。

しかし病気して入院、「あぁ、結構無理しとってんなぁ」と気付いた。「やっぱりどこかで息抜きしたり気楽に生きることを考えないとダメになる。やりたいことも続けられなくなるんだろうなぁ」と、東京で二番目に古い病院の端っこにあった喫煙所でタバコをふかしながら（あかんがな！）、ぼんやりと思った。

もちろん簡単に人間は変われない。でも、その時を境に、○か×だけで物事を考えるのはやめようと。三十代も近付いていて、「たかだか雑誌の特集程度で胃に穴開けてるなんてしょうもない、もっと気楽にやらなあかんわ」と。それからは、本当にダメダメ（契約）社員。月に二十日位は、就業時刻の10分前位に机を片付け、夕方には自宅に帰り、飯を食ったり友人と酒を飲んだりと、仕事の外に楽しみを見つける様になった。

会社をやめる前に手に入れたもの

90年代の後期は、編集者にとっては制作の大きな過渡期だったと思う。それまでの「原稿まとめたものを電算写植に回して、デザイナーからもらったレイアウト入れて、初校出し。それを校正して…」から、「テキストデータをDTPデザイナーに渡してチェックする」作業に移行していく時期。従来の分業システムをギリギリで勉強できた上に、DTP[*19]をはじめとした新しいやり方も学ぶこともできた為、今考えると非常に幸運だったと思うけれど、ギャランティーは全く変わることなく、作業の負担ばかりが増えていったことに少しずつ疲れ始めていた。

また、同じ編集部内にいた同世代の音楽好きな輩が、異動で同編集部から姿を消してしまった。それまでは、「彼はテクノ、彼はハウスやヒップホップ、彼はスタンダードなポップス／ロック、そして自分はそれ以外のアヴァンなものやインディー、そしてキワモノを……」と、それぞれのジャンルが得意なスタッフが担当し、自分の興味と愛情をページに落とし込んでいたのだけれど、社内の異動以降、編集作業全般がルーティーンになっていく様な気がしていた。

また、自分では面白いとは思えないものを担当したり、タイアップで提灯記事を作らねばならないことに、少しずつ違和感を感じ始めたのも事実。もちろん、会社とは趣味でやっているものではないのだから、興味の対象外のものをやらねばならないのも理解できる。ただ自分にとって「つまんないものを面白いとは口が裂けても言えない」というシンプルな思いが常にあった。また、他にもいろんな理由が重なって、ちょうど3年で会社をやめることを決心した。

現在、店に取材しにきた若い編集者やライターさんに偉そうなことを語ることがあるけれど、考えてみれば会社に所属しての編集経験はわずか3年しかない。何の根拠もないのに偉そうなことを抜かして本当にすいません！　また「その後、一体何をしようとしたのかな」と振り返ってみたが、正直、三十歳で仕事がなくなってしまうことに関しても、相変わらず何も考えていなかったのだから、我ながら恐れ入る。いやはや。

「会社に入らずに生きていく」と言えば聞こえはいいけど、どこかの会社が自分の様な人間を受け入れてくれるとは、どう考えても思えなかった。高校を卒業して照明屋に入った時も、大学を卒業して就職するかどうかさえも考えずアメリカに行ったのも、三十歳を境にしてフリーになるという重要な時も、本当に何にも考えていなかった。今、もし自分みたいな人間が、三十歳位で何も考えずに会社をやめようとしてたら、お恥ずかしながら「お前、大丈夫か？少しはちゃんと考えた方がええで」と説得するんじゃないか、とも思う。フリーでやるにしても、当面は食いつなぐアイディアを模索した方がいい、と。

ただ、会社をやめると決めた時、「急いでやらねば」と思ったことがいくつかあった。一つめは、クレジットカードを作ること。会社に入る前、カードを作ろうと何度か申請したけれど、全て却下された経験があった。この先フリーになってしまえば、「もう一生カードを作れないぞ」と焦り、「3年、契約社員として働いています！　これからもがんばります」的な気持ちで、クレジットカードを申請した。カードさえあればキャッシングもできるし、ローンも組める。基本借金なのでそれはそれで怖いけれど、ここぞという時にきっと役に立つことだろう。

そして、当時まだ高かったMacintosh の最低限プロフェッショナルなシステムを、ローンを組める間に購入。Power Macintosh[*20] の7200／75とディスプレイでしめて、30～40万位かかった記憶がある。その5年ほど前から趣味でAdobe Illustrator[*21] やAdobe Photoshop[*22] を触ってきて、最低限使える技術だけはあったので、Macintosh さえあれば、デザインは難しくとも、ＤＴＰやトレースの仕事ならありつけるかな、とも考えていた。まぁ、出版業界において、近い将来には完全にＤＴＰに移行することは分かっていた為、ＤＴＰ関連のソフトと技術を持ってるだけで、とりあえず編集やライター仕事以外でも湖口を凌ぐことができるはず、と。

そんなちょっとだけの準備をして、僕は会社をやめてフリーになった。そのMacintoshを使って初めてプリントアウトした名刺には、「編集／ライティング／DTPデザイン　小田晶房」という肩書きがはっきりと記されていた。もちろん、その時点でDTPで本を作った経験など一度もなかったのだけれど。

デザイン仕事もこなしたフリーとしての初仕事

会社での編集経験はわずか三年だったけれど、そこで得た人脈や企画、アイディアや思いは、今もなおしっかりと役立っている。

編集部時代、「自分達でCDを作ろう！」という特集を企画したことがあった。実際にインディーレーベルを始めることをテーマにしたもので、CDを作る為には録音やマスタリング、プレス代金を含めて、どの位経費がかかってどんな作業が必要か、パッケージのデザインはどうやって作るのか、そして売る為にはどんな方法があるのか、といったところまでを考える企画だった。その際、CDを売ることに関して誰かに話を聞けないかと思いをめぐらせていた時、他の取材で知り合ったエンジニアのオノセイゲンさんに、「タワーレコードのバイヤーに高見（一樹）君という人がいるから、彼に相談してみたらいいよ」と勧められた。結果、直接コンタクトを取って話を聞きに行くことに。ちょうどタワーレコードの渋谷店が今の神南の場所に移った直後で、音楽的にも商業的にもいろんなことが変わる様な、そんな予感があった時期だった。

当時、高見さんはタワーレコードのバイヤーで、渋谷店五階の現代音楽や奇妙なサウンドの売り場作りを模索していた。それ以前にはクラシックのコーナーで現代音楽や実験音楽、ジャズ等を紹介しながら、同時にタワーレコード内でフリーペーパーを始めようとしていた。高見さんも関西出身で共通のフリーミュージック系の知り合いがいたこともあり、インディーレーベルの話以上に、現代音楽や雑誌、ジャズやラテン音楽の話で盛り上がったことを覚えている。

その後、自分が会社をやめて高見さんに会った際、「『musee』という雑誌を作りますから、何か書きませんか？」という話を頂いたのと同時に、自分も大好きだったキップ・ハンラハン[*23]のレーベル、アメリカン・クラーヴェ作品の日本盤の制作を手伝ってくれないか、と頼まれた。その際、レーベルを紹介する為の小冊子やリーフレット等のライティング／編集仕事と同時に、ジャケット周りの制作物のデザインまでを含めて振って頂いた。美大や専門学校等でデザインの勉強をしたことは一度もなかったのだけれど、コンピューターが少し使えて完パケまでできる技術だけはあったので、見よう見まねで一つ一つジャケットをアレンジしていった。

会社内で編集の仕事をしていても、印刷工程に関してはほとんど知らないものだ。分業で行なうことが基本なので、出稿したら手が離れてそこで終わり。けれどデザイナーの仕事をやってみると、印刷がどの様に行なわれているか、知らないわけにはいかない。特にその予算がタイトだと、さまざまなアイディアを駆使する為、印刷自体の勉強をした方がいいに決まってる。アメリカン・クラーヴェのオリジナルのジャケットは、元々CMYKの4色に加えて特色の銀や金を使用している。そのまま作るとコスト的に無理だが、銀や金を使わなくちゃ、クラーヴェのジャケットにならない。その結果、2色プラス特色の3色で印刷してみたらどうかと試行錯誤して、印刷所といろいろ掛け合ったり、単色のトーンを大きく変えてみたり。結果的には、満足のいく仕上がりになったと思う。世の中、何でも一度は試してみるもんだ、と実感。

フリー仕事の柱になったレギュラーの仕事

〝お仕事〟で仕事をするのが嫌で編集部をやめたわけだが、フリーになって食っていく為にはもっと嫌な仕事をしなくちゃならなかったという本末転倒。とあるビデオ／CDレンタル会社のフリーペーパーの中で、

「よかったらCD紹介のページの記事を書いてみる?」

と言われて、そんな仕事をしてみたのだけれど、90年代の終わり頃だから、浜崎あゆみやヴィジュアル系等のJ‐POPのCD紹介をシコシコと書き連ねねばならぬ。最初は単に文章だけ書いていたのだけれど、その後、「レコード会社さんと連絡を取ってジャケットや資料をもらってください」だの「レイアウトもできるんだったら、丸ごとやってみませんか?」と言われて。確かに名刺にDTP/デザインと書いてあったから、頼まれるのは仕方ないんだけれど、本当に広告代理店の小間使いになっている様な気分だった。

その後、とあるレコード流通会社が小売店用に出していたフリーペーパーを刷新することになり、

「24ページ位の小冊子なんだけれど、資料集めから取材、原稿書き、レイアウトまで、全てまとめてやってもらえませんか?」

と頼まれた。すでに月に10ページ位やっていたから、資料集めの手間を考えると媒体が増えた方が楽かと思い、「いいっすよ」と快諾。その時点ではまだ企画も何もなかったのにその月の月末には、完パケのフリーペーパーを仕上げねばならないという地獄が待っているとは知らず。

締切まで一ヵ月もなかったから、急いで家に帰ってQuarkXPress*24の猛勉強をし始めた。もちろん間に代理店が入ってはいるが、広告等の配置を決める程度で、こちらはただただ大変だったけれど、何とか形にすることに成功。けれども時代は最もレコード/CDが売れていた時期、

とにかく金にはなった。当初は24ページ位で始まったものが、すぐに48ページ以上にページ数が増えてしまった。正直必死でやれば一人でもできる仕事だったけれど、やりたくもない仕事で毎日が終わってしまうのがとても怖くて、悔しくて、誰か一緒に組んでやってくれる人はいないかと探し始めた。

『サウンド&レコーディング・マガジン』時代の同僚に、北口大介という編集者がいた。彼は、編集者として特筆すべき才を持っているのはもちろんだけれど、何より、面倒な人とも気持ちよくコミュニケーションができる能力を持ち併せていた。彼もちょうど『Groove』というクラブ系雑誌を軌道に載せた後、さらりと会社をやめ、外部編集者として『LUIRE』という雑誌を立ち上げた頃だった。ただ、まだ子どもも小さく、フリーの編集者として活動するには経済的に大変だった時期で、こちらの「頼むから手伝って！ 代理店関係とかとの交渉とか面倒な仕事やって！」と言った自分のわがままなお願いを快く引き受けてくれた。

北口君とはその後、なぎ食堂を共同で運営することになる。あえて公言していないわけでもないのだけれど、オープン時の資金の多くは、彼が出資してくれたもの。実は「なぎ食堂」は、自分と北口君との共同作業でできあがっている。ある時北口君に、

「何でこんな店に関わろうとしたの？」

と聞いたことがある。もちろん、他にもいろんな理由があるんだけれど、自分が会社をやめてフリーになった時に、大きな仕事を振ったことに恩義を感じてくれていたらしい。今も経営状

況も含めて、本当に迷惑ばかりかけているわけで、北口君の懐の深さにはいつも頭が下がる。

この時期はまだ自分も独り身ということもあり、仕事や経済状況に関しては、まだまだモラトリアムの中にいた様な気がする。フリーでの編集仕事は、時間や体力を切り売りする様で、想像を越えて大変だったけれど、最初に声をかけた北口君が、二つ返事で「やりますよ！」と言ってくれたことによって、自分は本当に作りたい本の編集やレーベル運営にも漕ぎ出すことができたんだと思っている。

稼げているけど、何か違う……そして福田君のこと

そして同じ頃、自分にとって大切な、もう一人の編集者に出会うことになる。福田教雄という、今は「Sweet Dreams」という屋号で、レーベルやアーティスト招聘、そして自力で雑誌を作っている男。彼も同時期にリットーミュージックに勤めていたんだけれど、部署が違うこともあってか、在籍時はほとんど挨拶程度しか会話を交わすことはなかった。

その頃彼は、リットーミュージックをやめて、『Afterhours』というインディー雑誌の編集を手伝っていた。自分はこの雑誌の編集スタッフとは近しい関係だったこともあって、ヤン富

田さんのインタビューの様な面白そうな取材を手伝わせてもらってはいた。その『Afterhours』のある号で、ジム・オルーク[*25]の大きな特集を企画している、と聞いた。その数年前、ちょうど氏がガスター・デル・ソルに加わるあたりの頃には、自分にとってアイドルの様な大きな存在になっていて、とにかくジム関連の作品や氏のルーツと思われる音を掘りまくっていた時期。ただ、それはあくまでも「自分の好きなアーティスト」というだけで、それに関して何か文章を書いたり、批評を行なったりといったことは、なかなかできないだろうな、とずっと思っていた。

そんな自分に、数ページにわたる企画を振ってくれただけでうれしかったわけだけれど、それ以上にまだリリース前の『Bad Timing』を一聴した途端、体が震えて何かが変わった様な気がした。思わず、そんなに親しくもない福田君に電話をかけた。

「これは凄い！　めっちゃ凄い！」

と。ただ、それ以上に面白かったのは、その打ち合わせの際に、コンビニの前で福田君から、『Afterhours』とは別の、自分の作りたい夢の音楽誌の台割を見せてもらったこと。もちろん、その本は作れる見込みも当時は全くなかったんだけれど、「あぁ、自分より年下で、なおかつこんな面白そうな本を自分で作ろうと考えてる奴がいるんや！」と驚かされたもの。

それと前後して、編集部時代から付き合いのあった鈴木惣一朗さんから「『モンド・ミュージック』の新しい本を作りたいんだけど、手伝ってくれない？」という話がきた。すでに2冊出ていたシリーズもののこの書籍は、企画とライティング、デザインに関しては、惣一朗さんの仲間（ガジェット4）内で手掛けていたのだが、雑用やそれらをまとめる編集者は、その中にいなかった。何よりも、

「次の『モンド・ミュージック』[*26]は、ジム・オルークやジョン・フェイヒーとか、あそこらへんを中心にしたものにしたいんだけど、小田君、結構興味あるでしょ？」

と誘われたことがうれしかった。そう、最も興味がある対象に関する本が作れるかもしれない、というワクワクした感じ。しかし、だ。フリーペーパーはすでにガンガンに作っていたわけだけれど、音楽マニアを相手にした書籍を丸々1冊編集するなんて、どんな案件でも「あ、大丈夫ですよ！　できますよ！」と虚勢を張ってやってきた自分でも、さすがに心配になってきた。そこで、編集者である福田君に電話をかけ、

「あんまりお金にはならないと思うけれど、『モンド・ミュージック』の編集を一緒にやってみない？」

と誘ってみた。即快諾。しかし、そこはちょっとした地獄の入り口だった。

もちろん作業はとても楽しく、個人では取材できない様な特別なアーティストにどんどん取材したり、原稿を書いたりと、業界フリーペーパーの制作ではあり得ない充実感に満たされていた。しかし、その書籍に関わってる人がやたらと多いのにも関わらず、それを取りまとめて管理できる人間がいなかったり、原稿が極端に遅れる人がでてきたり、編集作業以上の多くの

ストレスを抱えながら、でも、何とかかんとか3ヵ月という時間をその作業に費やして完成。もちろんうれしかったけれど、それはやはり編集を手伝っただけで、自分達の本ではないんだ、ということに気付かされることにもなった。

ちょうどその頃、業界フリーペーパーにも手慣れてきて、体力的には余裕があるんだけれど、逆に精神的にきつくなってきていた。この頃に結婚したこともあって、手堅い収入を手放すことはなかなかできないなぁ、と思いつつ、心は八割方へこたれてた。そんな中、福田君と、

「もう他人の本を作るのはやめたいね。自分達でやりたい、作りたい本を自分達で作らないと、この先どうしようもないね！」

と話した。ただ、それをどうやって現実化すればいいのか、具体的な計画も何一つできぬまま、なぜか福田君と妻と数人の人間と共にアメリカにライヴツアーに繰り出すことになったのだ。

衝撃のアメリカツアーと〝場〟を作りたいという思い

高校の頃にパンクバンドをやっていたことはあるものの、ガレージ[*27]やハードコア[*28]の文脈ではなかったし、いわゆるパンク直系のＤＩＹカルチャー[*29]とは、ちょっと縁遠い存在ではあった。

ただ、自分がアメリカに住んでいた時期から、90年代のUSインディーミュージックの多くに刺激を受けてもいた。また、数々の優れたインディーレーベルや、インディージンの存在は、いつも憧れ、気になるものだった。しかし、ネットもまだまだ黎明期、それらの細かな情報は輸入レコード店の片隅から、探してようやく手に届く類のものだった。

現在、toddle（トドル）というバンドでギターを弾いている小林愛ちゃんが当時、スワームス・アームというバンドをやっており、渋谷の外国人ばかりのバーで時折ライヴを行なっていた。そのつながりで福田君がスワームス・アームのファンだったショーン・キャンプという気さくなアメリカ人と知り合うことに。彼は1、2年限定の日本語講師として日本にきていたどこにでもよくいるアメリカ人だったが、実は知る人ぞ知るエモポップ・バンド、シルヴァー・スクーターの鍵盤奏者でもあった。アメリカに戻ってからもまだまだスワームス・アーム愛が続いていた彼が、

「テキサスにライヴしにこない？　シルヴァー・スクーターがサポートするよ！」

と誘ってきた。ふつうならばそれでバンドがテキサスに向かって話は終わり。だけど、なぜか友人代表・福田教雄も着いていく準備をしている。

「いいなぁ、俺も行きたい！」

とわがままを抜かしてみたら、

「一緒に行きましょうよ。じゃ、小田さんの奥さんのバンド、カリフォルニア・カー・クラッシュ

も連れてツアーだ！」

という、福田氏恒例の安請け合いが発動。結果、総勢9名の御一行が、約10日間かけてテキサスとサンフランシスコをライヴツアーをすることと相成った。今考えてみれば、よくぞそんな適当な思いつきが実現したもんだ、とつくづく思う。

とにかく楽しかった10日間。しかし、その時アメリカを旅したことは、今、店を続けていることにも直接つながっている感がある。それまで音楽が響いている場所とは、ライヴハウスやクラブの様なシステムができ上がっている場所、そんなイメージがあった。しかし、このツアーで出会ったさまざまな場所や人達はとても自由で、生活の中に音楽が当たり前の様にあり、日常の中で自然に音楽が鳴っていたのだった。

テキサスのオースティンで最初に演奏をしたのは、パブとライヴハウスの間の様な、割と一般的なアメリカらしいヴェニューだったのだけど、翌日、「テキサスでは何もかもが大きい」の諺通り「ちょっと次の街までまで行こうか？」と車を飛ばして約7時間、全米第四の都市ヒューストンにようやく到着。ライヴ会場は、ヒューストンのNotsuoh（ノットスウォー）という奇妙な古いビルだった。

疲れた体を引きずって入ってみると、1階には、だだっ広いスペースの真ん中に巨大なウォーターベッドが置いてあり、ヒッピーの様な人達がプカプカと煙を吹かして、皆、幸せそうな表情でそれぞれの時間を過ごしている。

「ここでライヴするの？」

と聞くと、

「上じゃない？」

と。上がってみると、2階はダンススタジオ兼ステージ。「ここじゃないな」と3階に行けば、そこはオーナーの怪しいコレクションが並んでるギャラリーといった類の場所。「ここでもないなぁ」と思って、小さな階段を登っていくと、本当に何もない普通のビルの屋上。「え、こんなところで何をするの？」って思ったもの。またヒューストンはオフィス街ゆえ、土日にはほとんど歩いている人自体がいなくて、

「はぁ、騙された」

とため息を一つ。

「開演は夜の11時位かな」

と伝えられて、ため息もう一つ。

なのに10時半を過ぎたらだんだん人が集まり始めて、気付くと屋上は人でいっぱいに。「何で？」と思ったら、ビールが1杯1ドルみたいな値段で売ってるからそれを飲みにきてる。もちろん自分達も泥酔しながらライヴして。「うっわー、面白ェ！」と感動して。もう、一人10杯位飲んでいるので安いとはいえ結構な売上げになってるし、場所代はタダだし、ビールの売上げさえ上がれば、何もない場所でこんなに面白いことができるんだってことに気付いた。

また、サンフランシスコの友達の家は、とにかく巨大なロフトを改装した場所で、そのロフトでのホームパーティなんだけれど、気付くと200人位の人がその場にいて、いけないクッキーを食いながら跳ね回っていたり。オースティンの友達の家の裏庭では、マイクと小さなヴォーカルスピーカーだけを用意してのアコースティックライヴをしっとりとやってみたり。

この場所にいる人達のほとんどは、音楽が好きか嫌いはどうでもよくて、その時間を少しでも楽しむ為に、何か面白い触媒があったらいい、位の気持ちで音楽を聴いている。ほとんどの人達がそういうパーティや演奏に、500円位だったらいつでも出すよみたいな感覚を持ってる。

「あぁ、こんなことがしたい」と、心の底から思ったもの。ライヴハウスで、いい音でいい音楽を聴かせたいのではなく、音楽が響く場所自体を作りたいということ。その為にはそこで働く人やその場所の空気感も重要で、それをどう作ればいいかを今もずっと考え続けている。「場所とはいったい何か?」ということを本気で考えるきっかけが、この短いツアーにはあった。

インディーマガジン『map』を作る

テキサス、サンフランシスコと回り、その後自分と妻だけが残り、新婚旅行扱いでロサンゼルスへ一週間位旅を続け、日本に帰ってきた頃には、それまでやっていた代理店経由の仕事に本当に興味がなくなっていた。また、それ以上に、リアルなDIY文化と対峙して、自分達で何か作らなくちゃ、やらなくちゃという気持ちでいっぱいになっていた。

福田君は、その後『map』となる雑誌の1号目を作ることに着手し始めていた。彼もアメリカで観てきたことを形にしたいという思いがあった様で、それまでやっていた仕事を抑え、ようやく最初の号を作る経費を捻出できそうになっていた。現在はその半額ほどにはなっているると思うけれど、当時、150ページ程度の雑誌を5000部ほど作るのに、印刷と製本費用だけで100万円位はかかる時代だった。この雑誌に関して、当初はコラムやLABCRY[*30]の特集等々、12〜13ページの原稿を書くだけの予定だったのだけれど、福田君がDTPに対しての知識が少なかったことと自分もインディー雑誌作りにもっと関わりたいという気持ちもあり、編集の最終作業あたりからガッツリと手伝うこととなった。

もちろん事務所などあるわけもなく、その最終入稿作業を、自分が借りていた古いアパートの一室で行なった。代官山の鎗ヶ崎交差点を入った場所にある築100年ほどのアパート、映画『リング』のロケにも使われた、ちょっとビビるほどの造りのアパートで行なった校正作業は、クリエイティブとはほど遠いものだった。

小さなクーラーはあるものの、夏場ゆえに汗でびっしょり。100数ページにわたる校正紙を全部家庭用のプリンターで一枚一枚プリントアウトしていると、狭い部屋中が校正紙だらけになって。何日も寝ていないむさい30男が2～3人、亡霊の様に作業をしている。「本当にこんな作り方で雑誌ができるのか？」という一抹の不安を抱えつつ。グチャグチャになりながらなんとか入稿、そして、雑誌ができ上がった時は、「うわぁ、本当にできたぁ！　これできっととんでもないことが起きるぞ」と思ったものだった。

しかし……残念なことに、とんでもないことは起こらなかった。自分達は作ることに手いっぱいで、その雑誌を売ることに関しては、ほとんど、いや何も考えていなかった。また、例え考えていたとしても、営業経験のない自分達がどれほどのことができたかは分からない。

とにかく福田君のワンルームの台所が使用不可能になるほどの在庫を抱えてはいたものの、その制作作業に確実な手応えを感じて、『ｍａｐ』の表紙を手掛けてくれた友人の絵描き・小田島等君とシェアして、世田谷代田に自分達の事務所を借りた。事務所の屋号はもちろん「ｍａｐ」。ちょうどその時点で、これまでの代理店仕事のフリーペーパーに加えて、ヴァージンメガストアのフリーペーパーも担当し始めることになり、どこかイケイケな気持ちもあったのかもしれない。そして、それらの仕事を月刊でヒーヒー言いながらやりつつ『ｍａｐ』の2号目の台割を作り始めていた。「内容は悪くないはずだから、あとはどう売るかだよね」と、最も難しい「売る」ことをおざなりにしたまま、僕らは夢の雑誌作りに夢中になっていった。

＊11：渕上純子（ヴォーカル・ピアニカ・鳴り物）と船戸博史（ウッドベース）の二人からなる奇跡のデュオ。かつて筆者と同じアパートで暮らしていた。
＊12：生駒祐子（アコーディオン）と清水恒輔（コントラバス）によるインストデュオ。清水は筆者とセサモでのバイト仲間。
＊13：1949年京都府生まれのミュージシャン、プロデューサー。裸のラリーズ、夕焼け楽団などでのバンド活動を経て、サンディー&ザ・サンセッツに参加。海外でも幅広く活躍。
＊14：雑誌や書籍などのメディアでも活躍する堀内隆志氏が店主を務める、神奈川県鎌倉市のカフェ。1994年にオープン。
＊15：1959年生まれのミュージシャン、プロデューサー。エブリシング・プレイ、ワールド・スタンダード等のグループでも活躍。
＊16：1952年東京生まれのミュージシャンでスティールパン奏者。ダブ、現代音楽、ヒップホップ、電子音楽等を包括した音楽性でカルト的人気を誇る。プロデューサーとしても活躍。
＊17：1959年神奈川県生まれ、福島育ち。ギタリスト、作曲家、プロデューサー等マルチな活躍で知られる。実験性の高い即興演奏やノイズミュージック、フリージャズ、映画音楽等の演者や作り手として国際的に活躍している。
＊18：1932年東京都生まれ。作曲家、編曲家、シンセサイザー奏者。数々のテレビ番組や映画等の音楽の制作や、電子音楽の作家等としても知られ、国際的に活躍した。2016年5月に逝去。
＊19：Desk Top Publishing（デスクトップ・パブリッシング）の略語。書籍や雑誌、新聞などの印刷物の編集に必要な割り付け作業をパソコン上で行い、プリンターで出力を行うこと。
＊20：アップルコンピュータが製造・販売していたデスクトップパソコンの製品群。
＊21：アドビシステムズが販売するベクターイメージの編集ソフトウェア。
＊22：アドビシステムズが販売するビットマップ画像編集ソフトウェア。

＊23：1954年アメリカ・ニューヨーク生まれの音楽プロデューサー。ジャズ、ラテン、ロックなどさまざまな音楽を融合させた前衛的なサウンド作りで知られる。
＊24：Quark社が販売しているDTPソフト。
＊25：1969年アメリカ・シカゴ出身のミュージシャン。作曲、プロデュース、エンジニア等マルチな活動と、アヴァンギャルドで実験的なサウンドで知られポストロックシーンの中心的存在。日本のミュージシャンとの交流も深い。
＊26：イージーリスニングやムード音楽等匿名性の高い音楽を紹介した、鈴木惣一朗、小柳帝のライターチーム、ガジェット4が著したムック本シリーズ。そうした音楽を「モンド」と呼ぶきっかけとなった。
＊27：1960年代半ばに台頭したロックのジャンルの一つ。パンク〜ニューウェイヴ全盛の1970年代後半に再評価された。シンプルでパワフルなロックのこと。
＊28：ロックのジャンルの一つで、パンクロックよりもロックンロール色を排し、より暴力性を強調したスタイルが特徴。
＊29：パンクロックを中心としたイデオロギーのひとつで、道具やテクニックにこだわらずに自ら演奏する、また、資本に取り込まれずに自由な精神を保ち、金をかけずに自分で作品を作り、流通させる等のプロセスまでを行うことなどを指す。
＊30：三沢洋紀が中心となって結成された、アストロ球団の様にキャラ立ちがいいサイケデリックロック・バンド。

第三章　ヴィーガンとの出会いとベジ料理への目覚め

初めて海外アーティストの招聘をする

レイモンド・スコットが踊る『ｍａｐ』の2号目を作り終わった2001年の秋。以前から仲よくしていたプレスポップという、アメリカのオルタナコミックを日本で紹介しているチームから、ゴスロリ[*31]みたいなルックスで、コミックを描いたり、音楽をやったりしているデイム・ダーシーという女性アーティストに興味はないか、という話を受けた。『ｍａｐ』の創刊号で特集記事を作ったザ・カクテルズ[*32]が共演しているシングルがあるという縁もあり、「もし興味があるならば、ライヴの企画とかやってみませんか？」と。正直、ダーシーに関しては全く情報もなく、唯一の知識と言えば、そのカクテルズとの関係と、サンフランシスコのスカムバンド、キャロライナー・レインボーのメンバーだった、という程度のもの。でも、招聘ということ以上にライヴの企画をやりたいな、という気持ちもあって、「あ、いいっすよ」と、軽い気持ちで即決。こちらにはリスクは少なく、一人分のフライト経費と京都でのライヴと滞在費を用意すればいいこともあり、「それだったらそんなに負担なくできるかな」と、当初は気楽に考えていた。

海外からのアーティストの招聘に関しては、少し思うところがあった。この年の9月、前年にテキサスはオースティンで嫌というほどお世話になったシルヴァー・スクーターが、自分達以外のオーガナイザーによって来日公演を行なうこととなった。東京と大阪のクラブクアトロのツアーの様なものだったと思うのだけど、お世辞にも人気バンドではない彼らの宿泊経費を抑える為に、世話になった自分達の家に分かれて泊まってもらう形で、何とか恩返しができないかと考えていた。前年のあの楽しかった数日の再来の様な来日公演、そして池の上の小さなバーで、スワームス・アームらを加えたフェアウェルパーティ。信じられないほどの数の缶ビールが開けられて、皆、泥酔状態になって盛り上がっていたまさにその時、店のマスターが血相を変えて店に戻ってきた。

「何か、アメリカでとんでもないことが起こってるよ！　ビルに飛行機が突っ込んでる」

焦ってテレビを点けてみると、ＣＧでもあり得ない様な映像がそこに映し出されている。アメリカ人であるシルヴァー・スクーターの面々も、その場で動けなくなって、ただただ頭を抱えている。一瞬で酔いが醒める。

翌日の朝に彼らが乗るはずだった飛行機は、当然の如く飛ぶことはなく、彼らはその後数日にわたって、自分達の家で共に過ごすことになる。ただ、自分達の家に他人が長期間過ごすことが思った以上に気楽で、まだまだパーティが続いていく様な楽しさがあった。彼らもテロのことで落ち込んではいたんだけど、とにかく「せっかくだから楽しくやろう！」と励まして。短い滞在予定の為、お金もそんなに持ってきておらず、毎日誰かの家でごはんを作って小さなホームパーティ。この数日を彼らと過ごしたことで、自分達でもこんなハンドメイドの招聘だったらできるんじゃないかな、と思う様になった。

イベント制作に関しては、まだ上京する以前に、バンドのドラマーが店長をやっていた京都のRAGというライヴハウスと、自分が働いていたセサモという飲み屋を使って、シリーズライヴ企画をいくつか手掛けた経験はあった。しかし、もちろん海外からアーティストを呼ぶのは、それとは仕事内容が全く異なる。それ以前に、「ダーシーって、自分達さえも知らないわけだから、誰も知らないぞ。これじゃ、客がこんぞ。どうしよう?」と焦り始める間抜けっぷり。結果的には、雑誌『map』のリリースイベントもやっていなかったので、その編集作業の中で知り合った、縁のあるミュージシャンやDJを集め、その中に〝異物〟としてデイム・ダーシーを加えてみるのはどうか、という形にまとまった。場所は、東京は渋谷のnest(現・O-nest)、京都はアンデパンダンという、共に少しだけつながりがあったハコを抑えた。

渋谷のnestと言えば、今やオルタナティヴなロックやインディーポップのロックバンドの聖地みたいになっているけれど、その当時はまだメジャー一歩手前のポップスバンドが主流で、あまり周りのオーガナイザーが使うことはなかったハコ。ただ、バンドをやっていた時に少しだけつながりがあったこと、そして全体が2フロアに分かれていて、中でつながった、洒落たクラブっぽい構造になっていたという点で、使えるのではないかと思った。その上のフロアでもライヴをやり、またオールナイトイベントという形で、この日のライヴを作っていった。

現在の福田君の奥さんである甲斐(純子)ちゃんが、フライヤーのデザインを手掛け、自身のブランドをやっていた自分の嫁さんが物販用のTシャツを作るという、まさに家内制手工業。出演は、ダーシーに加えて、古い友達のmama! milkにTucker、レイクサイドwith二階堂和美[*33]、LABCRYの村上ゴンゾ、ノアルイズ・マーロン・タイツ、ジョン（犬）、Place called space、スワームス・アームの小林愛ちゃんと、この本のデザインを手掛けてくれている庄子結香さんのストロボコアも出演。また、京都時代からずっとファンだったライターの安田謙一とキングジョーによるおかしな秘蔵映像を見ながらトークをするT.A.L.T.も上京。ＤＪにはキングジョー、松永良平、フミ・ヤマウチ、梶本聡を配置。まだ円盤を始める前の田口史人[*34]が階段付近でレコードを販売してくれた。

今考えてみると、あまりに詰め込み過ぎで何をしたかったのか不明だけれど、よくぞこれだけジャンルを飛び越えたメンツが一堂に会したもんだなぁと、今、書き出してみて少し感動。そして、そのほとんどの人と今もなお、つながっていられることにただただ感謝している。

ヴィーガンのゴスロリ風アーティスト、ダーシーに出会う

デイム・ダーシーは、自分にとって初めて生活を共にした本格的なヴィーガンだった。かつ

てニューヨークにいた時、すでに〝ヴィーガン〟の存在は欧米ではそれほど特別ではないことを知っていたし、ベジタリアンに対して特別な偏見も何もなかった。しかし、わずか数日でもヴィーガンのアーティストと過ごしてみて認識したことは、ここ日本は、ベジタリアン／ヴィーガンにとっては、とても暮らしにくい場所だということだった。

身ぶり手ぶりでの英語でのコミュニケーションは、伝わる時もあれば、伝わらない時もあり、それは時間をかければ特に大きな問題にはならなかった。しかし、「さぁ、今日の夜ごはん、何を食べようか?」となった時、本当にただただ困った。ベジタリアンと称していても、「私、魚は大丈夫だから」って人も結構いて（本当はそれをベジタリアンとは呼ばないのだけれど）、その場合は基本的に出汁も問題ないから、メニューを選別すれば、ほとんどの飲食店で結構注文をすることができる。ただダーシーは、厳格なヴィーガンで、

「死んだ動物の肉みたいなものを私に食べさせるの?」

みたいな調子で詰め寄られることもあった。

ある時、「どうしてヴィーガンになったの?」とダーシーに聞いたことがある。彼女が描くコミックは、人の首をスパーンと切り落としたり、残酷な表現も平気で出てくるのに、「やっぱり動物を殺しちゃいけない」と口にする。「え、コミックで描いているものと違うやん！」と突っ込みたくなるんだけど、創作と日常生活は別だというのだ。とにかく彼女の言葉から、〝アニマルライツ〟[*35]という概念を知り、少しずつ意識し始めることになった。また、ダーシーは元々

キャロライナ・レインボーというスカムバンドのリーダー、グラッグスのかつての彼女であり、サンフランシスコ近辺のコミュニティーには、ヴィーガンを実践している人達が数多く存在することを、その時教えてもらった。

彼らは日常生活や創作も含めてかなりむちゃくちゃで、もの凄いジャンクなこともしてるにも関わらず、アニマルライツの一線はビシっと守ったりする。「面白いなぁ、その濃淡がまだ理解できないけれど」と、少しだけ彼らの考え方に興味を持ち始める様になった。

ストレートエッジ[*36]に関して言えば、もちろん知識としては知っていたけれど、快楽目的ののセックスはしない、非暴力、ノンアルコール、禁煙、そして動物も食べない、生き物を殺さないと「禁○○」「禁○○」に対する意識が高過ぎて、理解し難い部分も少なくなかった。ただ、ヒッピーコミュニティーの思想に由来するアニマルライツの考え方には、何となく共感できる部分も少なくなかった。

イギリスのバンド／コミュニティーのCRASS[*37]に関する本を読んでも思うことだけれど、アニマルライツの思想は、キリスト教的世界観も大きく関係しているかもしれないが、日本ではなかなか伝わりにくい考え方なのだろうな、と思う。逆に欧米から見たら、日本におけるアルコールやタバコに関する規制や問題意識の甘さに驚くこともあるわけで、異文化というものを理解していくのは、一筋縄ではいかないということを改めて感じている。

肉を食べなくても満足できるんだ、と思い始めた

ダーシーを呼んだ翌年に、タラ・ジェーン・オニールというテキサスの暴れ馬、いや、とてもしっとりとした歌を奏でるシンガー・ソングライターと、アイダというバンドの核、ダニエル・リトルトンを呼ぶことにした。ちゃんとしたツアーはこの時が初めてだったのだけれど、無謀にも、東京2ヵ所に加えて、浜松、名古屋、京都、大阪、尾道、福岡まで出かける長いツアーを企画した。いわゆる外タレを呼ぶ様な気持ちではなく、ハードコアやパンクの輩がやっている、地方ごとの小さな場所にその音楽を届けに行く、ということを少しまねしたかったのかもしれない。

お恥ずかしながら、その時は少しアメリカかぶれになっていて、ライヴの会場も、「ふつうのライヴハウスではやりたくないなぁ」と思い込んでいるフシがあった。たまたま知り合った、自由が丘にあるｓｉｘという雑貨屋さんの、凄くお洒落な倉庫を使わせてもらえることになり、大喜びで企画した。しかし、仮設で機材をゼロから持ち込まなくてはならないわ、いろいろと片付けをしたり、席を仮設しなければならないわと、とにかく前日から準備を始めて、ライヴ直前にようやく準備ができ上がる、という様な状態だった。また、近隣の住人の方のことを考えると、爆音で演奏することは難しいと決まっているのに、パンク上がりのタラは、

かった。

「もっと、もっと音量を上げて！」

と訴え続けるし。言うは易し行なうは難し。なかなか夢に見た場所を具現化させることは難しかった。

そのタラもダニエルも肉を食べることをやめていた。ただ、魚介類はもれなく食べられたので、ダーシーの様な面倒なことにはならなかった。ホテルの前にある立ち食いそば屋さんの食券の買い方を教え、

「これとこれは肉が入ってるからナシだね」

と簡単に説明するだけで、特にアテンドする必要もなかった。

野菜と魚介類だけは食べることを〝ペスコベジタリアン〟と呼ぶのだけれど、肉以外のものはほとんど食べる人は〝ノン・ミートイーター〟と言って、正確にはベジタリアンと呼べない。ただ、「その位であれば、日本中どこに行っても問題なくやっていけるなぁ」とはっきり感じていた。また、この頃から、特に意識はしていなかったのだけれど、自分が作る料理や自分が食べる物が少しずつ変わり始めていたのかもしれない。年齢的なこともあって、特に「肉が食べたい！」という欲求もどんどん減っていた時期だった。どちらにせよ、経済的な事情もあり、肉を食べなくても生きていけるなと思う様になっていた。

編集だけじゃやっていけない。店を持つことを考え始めた時期

年に一度、夏頃にリリースしていた『map』の3号目（現時点の最終号）を作った頃、本を作る仕事よりも、ライヴツアーの企画や招聘が絶え間なく入る様になってきた。確か2001～2007年頃の間の6年位で20数本。平均して毎年4本だけれど、それぞれ6、7回のライヴツアーなので、トータルで120～130本のライヴを企画していたことになる。友人のミュージシャン達の、地方都市から地方都市へ飛び回ってライヴをする様な、毎日が音楽だけで満たされている、バンドワゴンの世界に心の底で憧れていたからだと思う。そして、いろんな場所で酒を一緒に飲んだり泊めてもらったりすることで、その場所でも友達ができ、雪だるま式に楽しくなっていく。

「次のツアーではまたあの場所に行ってあそこでごはんを食べて、よし、一晩中飲み明かすぞ！」

と、演奏などしないから気楽なもので。嫁さんには、

「いや、これも仕事で大変なんやで！」

と言いつつも、とにかく楽しくて楽しくて仕方がなかったのが本音だった。

そんな楽しさに相反して、日常は結構きつかった。この時点ではまだ代理店仕事のフリーペーパーを続けていたけれど、それも、もうそろそろ限界に近付いていた。そこで嫁さんに

「あの仕事をやめたら経済的にかなり厳しくなってしまうけれど、やめたらあかんかな？」

と相談。

「まぁ、何とかなるんちゃう？」

という嫁さんの思わぬ一言に驚き、少しホッとした。世の中面白いもので、嫌な仕事をやめようと思った2ヵ月後に、その冊子自体が廃刊。望む望まぬに関わりなく、好きでもない仕事をお金の為にやる、という自分の中でモヤモヤしていたことは、一気に解決することになった。それと共にもちろん、生活の不安を抱えることになったのだけれど。

　その頃は嫁さんも自分も自宅での深夜作業ばかりだったこともあり、お天道さまに顔向けできない生活を続けていた。昼の12〜13時頃に起き出して、外にごはんを食べに行き、その後はデザートを食べに行く感覚で不動産屋に足を向けていた。特に具体的な目的もなく、物件を見に行くのが習慣になっていた。当時、中目黒に住んでいたんだけれど、まだ下町感も残っていて、目黒川沿いの店舗物件も今とは比べ物にならないほど家賃が安かった。まだCow Books[*38]もなくて、オーガニックカフェ[*39]が話題になり始めていた頃。あそこは元々、単に輸入家具の倉庫みたいな場所で、週末の夜だけそこで酒が飲める飲み屋みたいなことをやっていて、「面白い場所があるもんだなぁ」と時折足を運んでいた。ただ、Chappieが立ち始めてからは、オープン前からカフェの前に人が並んだりしていて、「あれ、何かおかしなことになってる？」と思い始めた。その頃から、どんどんいろんな店が立ち並び始めたのだった。

不動産屋に行っていたのは、単に物件好きというのもあるけれど、このあたりで、当時嫁さんがやっていたブランドの服を売る店ができないものかと考えていたから。その横でレコードや雑誌などを売ることはできないかなぁと思ったりしていて。「○○がしたい！」というよりも、「小さな店でいいから、人が集まれる場所っていうものがあればいいな」と自分の中でずっと思っていたのかもしれない。また、フリーで編集の仕事は続けているけど、自分の中ではこの仕事を一生続けられるかどうか、全く自信がなかったということもある。

その頃、一緒にコンピレーションアルバムを作ったり、自分達のイベントに出店してもらったりしていた友人の田口史人さんが、相模原にあるタハラというレコードチェーン店の勤務をやめて、高円寺に円盤という謎の店を始めた。インディペンデントなレコードと、安いチャージで提供される、どうかしているライヴ、それが終わったらディープな飲み屋になるという面白い店を同世代の友人が始めたということは、自分にとって大きなインパクトがあった。ライヴができるとかじゃなくて、単純に「あぁ、うらやましいなぁ。自分の場所を持てること自体がまぶしいなぁ」と。

また、この少し前、嫁さんの友人が恵比寿でインスタントカフェという場所を始めていた。当初はオフィスとして借りていたスペースの一角に、バラバラな家具を置いているだけのシンプルなカフェ。週末の夜には、まだTuckerという名前になっていなかったエレクトーン青年が、音楽担当としてずっと演奏してくれる、今から考えたら何とも贅沢な場所だった。もちろん、センスのいい人達がやっていたから意図的なことなんだけれど、内装を作り込まないその感じが気楽でよかったし、もし自分が店をやるならば、その位肩に力が入っていない場所の方がいいなぁ、とずっと思っていた。

それまで未来や将来をほとんど考えていなかったぼんやりした人間でも、結婚をすると将来の設計とかを考え始めることに自分でも驚いた。ただ、冷静になってみると、フリーの編集者はその仕事のヘヴィさもあって、一生を全うできないだろうとも思っていた。それゆえに、編集者をしながら何か他のことをやる、例えば、編集者としての事務所と店をあわせる、みたいなやり方じゃないと、この先続けていけないだろうな、と考え始めた。

自主レーベルでSAKEROCK、二階堂和美、トクマルシューゴ等の作品をリリース！

雑誌を作る為に始めたｍａｐが、アーティストの招聘をやってるうちに、いつのまにかインディーレーベル（compare notes）を始めていた。ただ、レーベルが本気でやりたかったのかと言えばそこらへんは曖昧で、なりゆきで、気付くと始めていたというのが事実。だから「◯◯な音楽性でコンセプトは◯◯」的な部分は全くなかったし、いまだにない。

現在、円盤をやっていて、当時ＯＺディスクという、稀代のどうかしているレーベルをやっていた田口（史人）さんから、「インディーレーベルなんてやっちゃダメですよ！」と何度も聞かされていたし、よっぽどのお金持ちか、馬鹿じゃない限り関わらない方が身の為だということも理解していた……つもり。ただ、LABCRYっていうバンドがあって、そこに村上ゴンゾという、その人間自体から音楽が発振される様な男がいて、彼と知り合った15年前、

「ソロアルバム出したいんですけど、誰か出してくれませんかね？」

と告げられて、

「んー、誰も出さないんだったら、自分達がやりますよ！」

とうかつにも言ってしまったのがきっかけ。そのアルバムはいまだにできていないけれど、彼のレコードを作る為ならレーベルを始めてもいいかな、と思って。でもそれがなかなかできない間に、デイム・ダーシーの来日記念盤や、アイダのエリザベス・ミッチェルの作った素敵な子どもの為のレコードの様な、招聘で知り合ったアーティスト関係の作品を先にリリースした。

　また、その頃周りにいたM.A.G.O.っていう女の子二人組が、

「レーベルがあるんだったら出してくれません？」

と言ってきた。その歌心に痺れるけれど、基本ジャンクな音楽性は、「コレ、いいんだけれど、なかなか他の人が出すことはないだろうなぁ」と思った。その瞬間、

「うん。じゃ、ぜひ」

と、ミックスまで手伝ってパッケージ化することに。自分達のレーベルは、積極的に「このレコードが出したい！」ではなく、「内容が素晴らしいのに、どこも出さないかもしれない。それはもったいない」という気持ちでやっている部分がどこかにあった。

実際にレーベルを始めてみると、いろんなことが勝手に動き始めた。少し前に下北沢のノアルイズ・レコードでCDを見つけた、マーティン・デニーの名曲からその名を冠したバンド、SAKEROCK[*40]。まだライヴも観たことがなかった時期に、とある招聘イベントの共演で出演してもらった。そのサウンドチェックの時点で、とにかくぶっ飛ばされた。圧倒的に上手くてカッコよくて、なぜ、こんな凄い子達がこんなところにいるんだろうか、と本気で思った。彼らが自分達の凄さに気付いていないのかどうかは分からなかったけれど、その感動を伝えたら、

「じゃあ、レコード出してくれません？」

と言われて。

「いや、他のレーベルなんて、なんぼでもあるでしょ。こんだけの音楽だったら」

ときっぱりと答えた。

聞けばどうもその頃バンドの内外でうまくいかないことが続いていた様で、自分達のレコードを出してくれるレーベルがないと思い込んでいた様子。「何でそんなことになるんだろうなぁ」と思いつつ、

「他が出さないいんだったらぜひやらせて！」

とミニアルバムをリリースすることになる。もちろん、彼らの音楽は、それまで自分達が関わってきたものとはちょっと違って、確実にポピュラリティーが得られる力にあふれていたから、当然の様に話題になって。ただ、それ以上のことは自分達にはできないと思っていたので、いくつかのメジャーレーベルやプロダクションに資料を送ったり、声をかけたりしたんだけれど、なしのつぶてだった。

二階堂和美さんは、それ以前からずっといい友達であり、圧倒的に凄いってことは、一度でも彼女の歌を聴いたことがある人ならば、皆分かっていたはず。なのになかなか思う様に人に伝わっていかない感じがあったので、お手伝いの様な気持ちで小作品を出す予定だった。それが気付くと、2枚のDVDと1枚のCDとブックレットを加えた豪華ボックスへとふくれ上がっていった。トクマルシューゴ君もしかり。すでにアメリカの小さなレーベルからCDがリリースされているにも関わらず、誰もその特別な才に気付かないという状況があまりに腹立たしくて、アメリカ盤の日本流通を手伝いながら、2作目のCDをリリースすることにした。

このあたりの話は、考えたこと、書きたい話は本当に山ほどあるのだけれど、本著の流れとは違うので大きく割愛。ただ、SAKEROCKやニカさん（二階堂和美）、トクマル君だけじゃなく、他の諸作品に関しても言えるのだけれど、なんでメジャーレーベルやメディアの人達、ライター諸氏は、ちゃんと自分達の耳や目で音楽を判断できないのか、とあの頃も、そして今も本気で思っている。彼らを押し上げてくれたのは、その音楽にちゃんと反応してくれたリスナーの人達や、レコード店や雑貨店のバイヤーさん達がいてくれたから。業界の人達はあの時、彼らのことを無視していたじゃないか、といつも叫びたくなる。話題が大きくなってから、「このアーティスト、次きそうだから乗っておくか」みたいな形で上澄みをすくっていく様な人達は、メディア関連の仕事からきっぱりと足を洗ってくれ、とただただ願う。

　そして、その後も、TEASIやかえる目、popoや三田村管打団?、長谷川健一、うつくしきひかり……その他全て、静かに、だけれどちゃんと聴いてくれる人がいる音楽をリリースできているつもり。ただ最初からミュージシャンの人達に伝えているのは、「自分達には爆発的にCDを売る力はありません。ただ、少しだけれど、今の状況よりも広く紹介することはできると思います」ということ。

　もちろん、自分達にも欲はあり、夢もあった。レーベルに関して、話題作がどんどん出ている時に、福田君と「これからどうしようか?」という話もしたものだ。

「例えばサブ・ポップみたいに、元々ファンジン[*41]をやっていた人達がレーベルを持って、雑誌もレーベルもアーティストも少しずつ大きくなっていく、あの感じっていいよね」

という話ももちろん出たし、憧れる部分もあったけれど、結局、結論が出なかった。何より、その核になるべき「雑誌」が一向に作れないことに焦りまくっていたことが一番大きかったんじゃないか、と思う。一番やりたいこと、やるべきことができないのに他のことまでできるわけない、と思っていた。また、雑誌が売れるというのは、自分達の実力だけれど、レーベルが成功するというのは、どこかでミュージシャンの素晴らしい才能に乗っかってしまっている様に思えて。自分らがゼロからアーティストを育てていける位の力があるのなら、その見返りとして利益を得てもいいとは思うけれど、今の段階だと確実に売れる人達に、自分達が依存してしまうのではないか、という恐怖感も少なからずあった。

そのあたりの考え方は、やっぱりマイナーの業なんじゃないか、とはっきりと思う。一山当てたり、一旗揚げたりっていうことには、やっぱり興味がない。というよりも、しちゃいけないこと、いや、何だか気持ち悪いってのが根底にあったし、今もなおそう思ってる。それはもう仕方がないことなのだろうな、と思う。

そんな、自由経済社会の中では完全に後ろ向きなことを考えている自分達がやれることは何だろうと考えた。それは100枚もCDが売れない、でも凄く面白い音楽を作っている人を500〜800枚位売れる様にサポートすることなんじゃないか？　本や雑誌に関しても、自分らは２０００冊位を売り切ることを目標に考えていけばいいんじゃないかと、腹をくくった。その冊数や枚数が年を追うごとに下がっていることが気にはなるけれど、気持ちはずっと一貫している。

フリーペーパーの仕事がなくなって、次第に困窮し始めた頃なのに、招聘ツアーもまだまだやっていて、黒字にはならなくても、ギリギリ赤字にはならない、そんな日常だった。でも、なぜか生活ができていた。それがなぜなのか分からなかったのだけれど、何とかギリギリでやっていける、そんな気がしていた。

ヴィーガンのアーティストの付き添いツアーで、ベジ食生活へ

招聘したヴィーガンのアーティストで付き合いが長かったのが、ビル・ウェルズ[*42]。彼の素性も音楽的経歴も何も知らなかったのだけれど、とにかく美しいメロディーが好きで好きで。たまたま Maher Shalal Hash Baz[*43]（マヘル・シャラル・ハシュ・バズ。以下マヘル）にも参加していたテニスコーツの植野隆司君がちょっと知ってるという話もあって、マヘルとビル・ウェルズでツアーをしようという話になった。

ビル伯父さんは、ツアーの1ヵ月位前に日本に入って、自分の自宅近所のウィークリーマンションに住み、マヘルと練習をすることにした。彼は見た目はもっさりしたおっちゃんなんだけれど、本当に音楽がそのまま映し出されている様なピュアな人で、かつ完全なヴィーガン。でも、ウィークリーマンションだから自炊もできるということもあって、パンを焼いて食べたり、コンビニで昆布のおにぎりを買って食べたり、自分で工夫しながらニコニコとやっていた。元々イギリスでも一人暮らしで、

「日本での食事は大丈夫？」

と聞いたら、

「大丈夫だよ、ウッフッフォフォフ」

みたいな感じで答える。生活の中にベジや音楽とが全て一つになっていて、その一つ一つが特別じゃない感じがとても素敵だった。

もうすでにベジ／ヴィーガンのアーティストというのが特別じゃなくなってきた頃、WHY?に出会った。ヨニ・ウルフを中心とした、元々アンチコンっていうナードなヒップホップレーベル系の3人グループ。ヨニは今までとは違って、見た目はちょっと今風の兄ちゃんだけど、かなり真面目なヴィーガンだった。また、この時はヴィブラフォンをはじめとする機材を、最高に狂っていてイカしたバンド、54-71[*44]に運んでもらっていたがゆえに、経費削減の必要もあり、ふだんは福田君と二人でアテンドするところを自分一人が付いて回った。それまでは、ベジやヴィーガンのアーティストに付いて回ってる時、こっそりラーメンを食べに行ったりしていたけれど、4人中3人がベジタリアンというツアーだっただけに、試しにちょっと自分も彼らに合わせてみようか、と一人思い立った。

そう決めたのには理由がある。ツアー前に、彼らを東京でとあるベジレストランに連れて行ったら、正直そんなに特別においしいとは思えないのに、もの凄くうれしそうな顔をしたのだ。

「日本でちゃんとしたごはんを食べれないと思っていたから、ほっとするんだ」

みたいな。それを見て、「あぁ、この程度でそんなにうれしそうな顔するんだ。食べる物って大事なんだ！」と思った。そんな顔見たさに、名古屋ではわざわざタクシーに乗って、結構離れた所にある、うまいと評判のベジレストランにごはんを食べる為だけに時間を作り、連れて行ったりもした。しかし、彼らも結構酒飲みで、自分もそれに合わせて、いつも以上にツアー中アルコールを摂りまくっていた。ふだんはツアーの半分ほどで体が疲れてくるのに、その時は不思議と全く体が重くならなかった。

その後、東京に戻ってきた時に、

「気のせいかもしれんけれど、今回はかなり楽やったわ」

と嫁さんと話した。すると彼女が、

「じゃ、うちも試しにベジにしてみる？」

と話がまとまった。一人だとなかなか続かないけれど、夫婦でやるんだったら結構簡単なんじゃないかな、と。ちょうどその頃、長男が離乳食から普通食に切り替わり始めていて、大人はジャンクなものでも仕方ないけど、子どもにはあまり変なものを食べさせたくないなと、ちょっと食の安全に関して考えることも少なくなかった。

また、それ以上にベジを試してみようと思った大きな理由として、自分が飼っている犬のことがあった。この少し前、保護された時点で心臓にフィラリアを抱えていたナラという、めちゃくちゃかわいい雑種犬が、数ヵ月にわたる治療の甲斐なく亡くなった。

大きな喪失感の中、生きものの命についていろいろと考えさせられた。自分が大好きだったこの犬と、今、自分が食べている動物の肉との違いって何なのだろうか、と。それは多くの人が思うことだろうが、もし動物の肉を食べることをやめたら、そんなこと自体悩まなくとも済む。それをアニマルライツと呼ぶのかもしれないが、もっとシンプルに「考えるのが面倒くさくなった」というのが事実。

最初はふつうにベジタリアンでもよかったんだけど、いきなりヴィーガン生活を始めてみた。やっぱりエクストリームなことが好きだし、やってみて面白いかもなぁと。どれだけ続くかは分からないけれど、極端なことを最初にしておけば後で楽かもな、とも思った。こんな風に大して考えずに始めたことが、自分の人生を変えてしまうとは、その時は思いもしなかった。

ベジ料理開発の楽しさに目覚めたことと肉食の魔法から解かれたこと

ヴィーガン生活に切り替えた頃、ちょうどmixi[*45]が話題になり始めていた。ネット関連のことは、たかだか数年前のことでも完全に忘れてしまいがちだけれど、その頃といえば、掲示板とかに書き込みをしたり、ウェブサイトにツールを使ってアップロードしたりするのが一般的で、まだSNSという言葉すら一般的じゃなかった様に思う。

それでも、mixiは手軽だったし、意図的に半分クローズドな部分もあったので、書き込みをするのも気楽だった。何か書きたいっていう気持ちはあるものの、プライベートなことは極力見せないようにして。当初は、「味の記憶」みたいな、昔食べておいしかったごはんの思い出をしみじみ書いたりしていたのだけれど、途中から「今日のベジごはん」みたいなものをmixiに載せ始めた。最初の頃のものには、「今日のマクロビ」と言った記載も見られるので、その頃はまだ、日本におけるベジ調理の技術として、マクロビオティック[*46]に興味を持っていた部分もあったのかもしれない。

その日に作ったベジの晩ごはんに関して、「肉を使えないのでキノコをみじん切りして麻婆豆腐を作った」「アボカドの脂肪はベジ初心者にとっての希望」等々、さまざまなオリジナルの工夫を書き記していた。mixiなので、周りの友人にしか公開していなかったと思うのだけれど、その過程をちょっとだけ楽しんでくれた人もいた模様。その中に、和久田善彦君という古くからの友人の編集者がいて、彼もその記事をずっと読んで興味を持ってくれていた。そしてその7年後、『なぎ食堂のベジタブル・レシピ』(ぴあ)等のレシピ本を作ってくれた。感謝。

最初は何がベジで、何がマクロビオティックなのか、全く分からなかったけれど、ソイミートや既存のベジストックにあまり頼らずに、日常で手に入る食材で、野菜をどう調理できるか、それがとにかく楽しくて。　料理作ってネットにアップして、作ってアップしての作業をマメにしていたもの。今では考えられない！

厳密なヴィーガン生活をどれほど続けたかあまり覚えていないけれど、ある時、夫婦のどちらからともなく、

「ちょっとオムライス食べたくない？」

という話が出た。たぶん、テレビか何かで観て、「あぁ、おいしそうだなぁ」とそそられたんだと思う。今だったら豆腐を使ってとろとろオムライスみたいなのはできそうだけれど、ベジでオムライスがなかなか思いつかず。まぁ、特に宗教的な制限とか思想的な思い入れがあるわけでもなく、「面白いからヴィーガン」だったこともあり、無理しても仕方ないな、と、オムライスを食べることを決心。

「食べるんだったら、どっかに食べに行くんじゃなくて、おいしい卵を買ってきて、自分達でめちゃくちゃおいしいオムライスを作ろう！」

と決めて、1個100円位する平飼い鶏の卵を4つほど購入。ちょうど赤みそを使ったおいしいデミグラスソースを作れる様になってたので、丁寧にデミグラスソースを作って。

頭の中では、「オムライス、オムライス、オムライス……」って妄想がどんどん広がり、ふんわりしたきれいなオムライスができて、二人で「絶対うまいぞ」ってもの凄く期待しながら、スプーンで口に運んだ……。その瞬間、「あれっ？」と、夫婦共に目を見合わせた。めちゃくちゃおいしいはずの卵を使い、極上の赤みそデミグラスで丁寧に作ったはずのオムライス。それなのに頭に思い描いていた味がしない。感動も何もなく、想像の1／10位というよりも、ごはん

にちょっと油っぽいソースがかかっている様な、そんなよく分からない料理に仕上がっていた。

大昔、二人で「卵の黄身って最高のソースなんちゃう？」と話したこともあった。よくガパオライスに載ってる半熟卵の黄身がトロ～っと流れる様な、さいっこうにおいしそうなイメージ、あれは普遍的なものだとずっと思っていた。そしてそれをより料理として完成させたのが、オムライスなんじゃないか、と。なのに久々に口にしてみたら、思っていた味と全然違う。その感想が、夫婦で全く同じだったことに、何より真実味があった。

「もしかして卵って、そんなに味なんてしないんじゃないか」と、まず思った。白身はそれなりに味がするけれど、黄身に関しては30～40％は脂質なわけで、それ自体にうま味があるわけはない。そして次にハッとひらめいたのは、「おいしい」と感じるのは舌じゃなくて脳だということ。そして、人が食べ物を食べる時って、脳の状態とか、今見ているお店や状況の雰囲気とか、今まで食べた物のおいしい記憶とか、さまざまな情報を脳内でまとめ上げて、その記憶や経験を含めて「おいしい／まずい」を判断しているのではないか、と。

また、口の中でほぐれる食感や、油と塩のバランス、ソースの濃度とか、さまざまな味の要素の絡み合いで、「おいしい」という「勘違い」が起きるじゃないかと思った。単に、舌で感じる「味」など、全体の何分の一程度の情報量しかないんじゃないかしらん。しかし、いったんその「おいしいと思った記憶」が、何かの理由で脳から抜け落ちてしまうと、全てが露呈されて大しておいしいものでもない、ということもあるんじゃないか？

実際、そのオムライスを食べた瞬間、魔法が解けちゃった様な、そんな感じがした。何より、黄身の「黄色」っていう視覚的要素が魔法の最大のタネで、「黄色」の食材ってあまりないがゆえに、「黄色くて、とろ〜りとした、液体」が、多くの人にとって「絶対うまい」という刷り込みになってるのではないかと勝手に思っている。あの時食べたオムライスは、本当にどう考えてもふつうだったし、黄身がとろ〜っとなる様子を見ても、もはや何も感じないのだった。

それ以前は、ヴィーガン食を続けていても、心や脳のどこかに、「動物性の食べ物って植物性の食品より絶対うまいよな！」という幻想があったと思う。それゆえに、肉や魚を食べることをやめた時、何か大事なものをなくしてしまった様な、残念な気持ちになっていたのも事実。決して、「野菜がうまい！」と言い張ってるわけでもなく、「どちらもそれぞれのうまさがあるもんだ」と。そして、「野菜には野菜のうまさがあって、それを動物性の食品のまねをさせようとするのではなく、野菜のうまさを追求すればいいだけなんだ」と考える様になった。また、あのオムライスを食べて以降、頭の中にモヤモヤとしていた動物性の食品に関する幻想や妄想が、一点の曇りもなく消え去り、菜食だけでも欠乏感を感じることが微塵もなくなった。

ヴィーガンの食生活に切り替えたばかりの頃は、面白い反面、かなり無理をしていた部分もあり、トンカツや餃子を食う夢等を見たりしていた。でも、この経験を経てようやく、何かから解放された様な、そんな気がした。

それからしばらくして、子どもとの生活でいろいろ考えることもあり、少量の魚や牛乳を摂ることをオッケーにしたけれど、今でも「肉や魚は食べなくても、結構、心も体も満足するもんだよ」と心の底から言える様になっている。

日本でベジ、ヴィーガンであること

魚介類を再び口にする様になったのは、長男が2歳位になった頃。家以外でごはんを食べることもあるわけだし、夫婦でいろいろと話して、子どもは子どもでいろんな選択肢から、将来、何を食べるかを自分で選んだらいいだろうと決めた。ベジの食生活は自分達が選んでることだけども、子どもが肉や魚を食べた記憶を持たずに、「これが正しい」なんて思い込んでしまうのはどうかなという気もして。ハンバーグのうまさもトンカツの風味も寿司のマナーも知った上で、どうするかを考えて欲しいな、と。

また、子どもの間は牛乳は飲むのもいいんじゃないかなとも思った。子どもの頃は乳糖を分解することができるけれど、日本人を含むアジア系民族は、大人になると牛乳を飲んでも大抵の場合、乳糖不耐症的気質を持っているがゆえに、乳糖を分解したり吸収できないことは実証されているわけで。それでも「牛乳は栄養があるから飲みなさい」という様な、経済システムが作った間違った知識をそのまま受け入れてしまうのはどうかなぁ、とずっと思っていた。

ベジになってから気付いたことも多く、食べ物に対して興味が湧いてきて、調べれば調べるほど食べ物にまつわる幻想や経済や社会の構造の中で作られてきた嘘みたいなものが見えてきた。これは面白い話で、もっと話したいことでもある。

物を食べることは生活の根幹であり、食べなくちゃ死んでしまうから毎日必ず食べるわけだが、自給自足でない限り結局物を買わなくちゃいけない。食品に関しても、自分達の作っている商品を売る為、誇大広告やイメージ戦略等々、あの手この手で本当は必要でない物を売ろうとする人や企業がたくさんある。そんな物に簡単に騙されたくないという気持ちがずっとある。

例えば、アニマルライツ的な考えの一側面なのだが、欧米のベジタリアンの友人の中には、

「食肉業界自体が腐っているから、オレは肉は食わないぜ！」

っていう輩も結構いる。

「最終的に食べちゃうんだから、どっちでもいいんじゃない？」

って思う人もいるかもしれない。ただ、自分もあまりにも劣悪な環境の中、滅菌させる為によく分からない薬を飲ませて、まるで工業製品の様に鶏や豚、牛を育てている様な業者は、やっぱり許すことはできない。とは言え、経済的に「素晴らしい自然環境で育てあげた肉」を日常的に購入することもできない。それだったら「食べない」という選択肢も十分ありじゃないかと思う。そんな善からぬ業界を支持しないつもりでいても、それらの商品を購入することで結

果的に支持することになってしまうことを忘れちゃいけない。

ベジタリアンってとても個人的なことだと思うし、意図的に社会的な行動とあまりリンクさせて考えない様にしている部分はあるけれど、声高には言わずとも、そんな業界に対する不買運動でもあるという気持ちは結構強い。巨大企業や業界の手の平の上では楽しめない、という様な。もちろん100円ショップで物を買ったり、ユニクロの服を着たりしてるくせに、「何だかなぁ」と思う時もあるけれど、それでも自分のできる範囲でやろうと思っている。

なぎ食堂をやる上でも、そのへんのことはもちろん考えているのだけれど、社会的な存在である「店舗」の中の人間として、個人的な意見を大きな声で言うことは、少し別の意味を持ち始めるんじゃないか、とも思い、少し控え目に。よく店の取材で、

「なぜベジ屋さんを始めたんですか?」

と聞かれた時、本当はここまで話したいと思うのだけれど、単純なインタビューでは簡単に答えられない。それは、ずっとジレンマとしてある。

店における野菜の仕入れルートに関しても、現時点では、いろんなものをほどほどに批判しながら手に入れるのがいい様な気がしている。また、それはオーガニック[*47]や無農薬等に関しても同様のこと。「うちはオーガニックじゃないですから」と口が酸っぱくなるほど言ってるのも、手放しなオーガニック崇拝みたいなものとちょっと距離を置いておきたいから。元々、ベジタリアンとかヴィーガンとオーガニックに親和性があるのはよく分かるけれど、別のジャンルの

はずなのに、一緒くたにされている部分がとても辛い。「特別」なものではなく、もっと自然にそういうものが楽しめたらいいのになぁ、と思っている。

最近は日本でも珍しくなくなってきた、巨大スーパーの中にふつうの野菜とオーガニック野菜の両方のコーナーがあって、無理なくどちらでも選べるパターン。「もちろんオーガニックの方が50%ほど高いけれど、あなたはどうする?」みたいな、需要と供給と商売がちゃんと成立している様なものは、ありだと思う。逆に、オーガニック専門の店舗で販売されている野菜が、高値のせいもあってなかなか売り切れない状態ゆえ、すっかり萎びてしまっているのを見るにつけ、「この仕組みはどうにかならないかなぁ」と思いつつ、やっぱり自分も買わない。

生産地域ではこんなことをあえて考えることもなく、「あ、これはうまそうだな」とオーガニックだったり無農薬だったりと、ふつうに当たり前に付き合っている人も多いのだろう。こんなことでウジウジ言ってるのは、都会に住む人間の傲慢なのかもしれないな、とも思う。でも、この件については、まだまだ答えが出ないままでいる。

＊31：ゴシック&ロリータの略。本来異なるゴシックとロリータの要素を組み合わせた日本発祥のファッションスタイル。黒を基調とし、レース、フリル、リボンなどの装飾的要素を施した衣装が特徴。
＊32：1990年代からアメリカはシカゴを拠点に活動する4人組のラウンジ・ポップバンド。
＊33：1974年広島県生まれ。浄土真宗本願寺派の僧侶の資格を持つ異色のシンガー・ソングライター。東京で活動後現在は広島に在住。ジャンルを超越した音楽性と圧倒的なヴォーカルで注目を集める。

＊34：1967年神奈川県生まれ。高円寺円盤／リクロ舎店主。90年代から音楽ライターとして活動。自身のレーベル、OZディスクを主宰。新譜から旧譜の復刻等、多くの音源をリリース。著書に『レコードと暮らし』（夏葉社）がある。

＊35：動物にも苦痛を感じる能力や感情、欲求、記憶、知覚などがあるとして、その様な動物にはできる限り自然のままに生きたり、人間に危害を加えられない権利があり、人間にはそれらを守る義務があるとする考え方。

＊36：音楽を越えた特別な思想や概念、ライフスタイルのこと。非暴力、禁酒、禁ドラッグ、動物の肉を食べない等、多くの制約を持つ。ハードコアパンク・バンドのFUGAZIのイアン・マッケイが提唱したことが始まりとされている。

＊37：1977～1985年にかけて活動したイギリスのパンクロック・バンド。アンダーグラウンドなシーンで活躍しながら、社会的メッセージを発信。アナーコパンク（無政府主義パンク）の代表的バンドと呼ばれる。

＊38：2002年に中目黒にオープンした本屋。元『暮らしの手帖』編集長の松浦弥太郎氏が経営している。

＊39：1995年に中目黒の目黒川沿いに椅子やポスターなどを取り扱う店、「オーガニックデザイン」としてオープン。1998年からは同店名でカフェとして営業。カフェブームの先駆的存在だったが、2005年6月に閉店した。

＊40：星野源、伊藤大地、浜野謙太、田中馨、野村卓史から成るインストゥルメンタルバンド。トロンボーンや木琴などの音色を取り入れた独特のサウンドで人気を集めた。2000年に結成。2015年6月に解散した。

＊41：ファンが集まって、評論や創作、イラストなどを掲載した作った雑誌のこと。同人誌と同義。かつては主にSF関係のものをそう呼んだが、ここではパンクムーヴメントの一要素としての意もある。

＊42：スコットランド出身のミュージシャン。1970年代後半から音楽活動を始め、ジャズ界やロックシーンのさまざまなアーティストとのコラボレーションでも知られる。

＊43：工藤冬里を中心とした日本の実験音楽バンド。

＊44：佐藤Bingo、川口賢太郎を中心として結成された、日本のオルタナティヴロック・バンド。

＊45：株式会社ミクシィが運営するソーシャルネットワーキング・サービス。2004年にサービスを開始。当初はすで

に入会している登録ユーザーからの招待によってのみ利用登録ができるという招待性を採用していた。

＊46：第二次大戦後、食文化研究家の桜沢如一が考案した食事法および食生活法。名称は「長寿法」の意味。玄米菜食、穀物菜食、自然食、食養等とも呼ばれる。

＊47：有機栽培や有機農法、あるいはそれらによって作られた作物のこと。農薬や肥料を用いず、有機肥料によって生産された農産物のこと。

第四章　何もかもが手探りの中、ベジ食堂をオープン

場所作り、ありきの店構想

元々、何屋っていうのは関係なく、場が欲しかった。お店というより、場所が欲しかった。今から10年ほど前、そこにいると何かあるとか、意味なく人が集まってくるとか、そういう場所がないとダメだなと思っていた。ライヴハウスやクラブなど、音楽や他の何かをする為の場じゃなくてもいいから。自分が若い頃から、そんな、「あそこに行けば何かある（かもしれない）」場所に足繁く通っていて、そのコミュニティーにいなくとも、その中に一人でも変な人がいたら結構面白いことが起きる、というのを実際に見てきていたから。

『map』のアーティスト招聘で日本中を回った時、ほとんどの街で手伝ってくれたのは、プロのオーガナイザーじゃなくって、その街でやってる小さなレコ屋の店主やカフェのマスター、そのアーティストを本当に好きな、力はないけれど熱意だけはある兄ちゃんや、ちょっとどうかしているおっさん達だった。ライヴに集まってくれた人達は、必ずしもこういうマイナーな音楽が好きなわけじゃない。でも、そのお店のファンや兄ちゃんの熱意に対して、20～50人位の人達が集まってくれるのを何度も見た。彼らが「面白い（かもしれない）こと」のキュレーターになって、「いやぁ、コレ、本当にいいから、一度騙されたと思って見た方がいいよ！」と一対一で伝えていく、そんな昔からある関係性が、地方ではまだまだ成立している。

だけど、東京の様な街では、そういう場所が減っているんじゃないかと思っていた。東京は家賃が高いという事情もあるのだけど。地方の人は、何だか分からないけど、とにかく面白そうだからきてみたって人が少なくない。反面、東京では、分かってるものを確認しにくるお客さんが多い様に感じていた。

いいライヴをしたら次の招聘ではお客さんが増えそうなものなのに、ライヴをやるたびに少しずつお客さんが減っていく。一度「面白かった。確認した！」となったら、もう二度とこない人もいる。アーティストやイベンターは常に違うものを作ろうと身を削っているつもりだから、それにはやはりがっかりしてしまう。そういうことが「本当につまんねぇな！」と思い、フラストレーションみたいなものが、ずっとたまっていた。

最初は変な場所があり、雑多な人が集まってきて面白かったんだけれど、途中からそんな小さなコミュニティーの友達どうしが、安心して楽しむみたいな感じになっていて。得体の知れないものに対するピリピリ感とか、知らないものを見る驚きの様な感じがなくちゃ嫌だなぁと。だから、そういう場所が少しでも増えないかなぁ、とずっと思っていた。ベジとかヴィーガンというのは、自分の個人的な嗜好だっただけで、とにかくライヴができる様な謎スペースを作りたいというのが先だった。

そんなことを思っていた矢先、編集者友達だった北口大介君と、京都時代からモノグラムというバンドを一緒にやっていた中井敏文さんといろいろと話した。彼はデザイナーなのだが、その頃奥さんと学芸大学でギャラリーもやっていた。そのギャラリースペースで、時々イベントをやったり、小さなライヴをやらせてもらったりしていたんだけれど、場所が場所ゆえに大きな音が出せず、何とかもう少しライヴとかができないかなぁ、と思っていて。北口君も、編集という仕事以外のことをやりたい気持ちもあり、酒を飲んでいるうちに3人で場所を持てないかな、という話になった。

たぶん、3人共に40歳を越えた頃で、今考えると、このままルーティーンで生きていけるとは考えていなかったんじゃないかと思う。20人入れる位の大きさでいいから、少し音が出せて、料理も少し出せる様な所。それで「まぁ、本気でやってみようか?」と、少しずつ場所を探し始めた。まぁ、その時は酒の場の勢いみたいなもので、正直、いつ始めようっていうのも考えてはいなかったのだけれど。

物件探しと資金のモンダイ

中井さんが学芸大学（以下学大）でやっていたギャラリーを閉めた後、皆、フリーで仕事をしていたので、一緒に昼ごはんを食いがてら、ぶらぶらと物件を探し始めた。中井さんも僕も家から近いという理由だけで、「学大がいいか」という適当さ。でも、学大近辺は本当に物件数が少ない上に家賃が中目黒と変わらない位高く、結局学大から渋谷位の間で探そうという話になった。しかしその頃はネットで探せる物件も多くなく、直接地元の不動産屋さんに、「店を始めたいんですけれど、いい物件ないですか?」と飛び込んだり。でも、どうみても金回りがよさそうでないおっさん3人組に、不動産屋さんもお勧め物件なんて出さない。そんなことにさえ気が付かないほど、ぼんやりと探していた。

また東京において、お勧めの優良店舗物件は、公開以前にほぼ決まってしまっている、ということをまだ知らなかった。いい場所にある物件は、旧店舗が営業を停止する頃からプロ達に目を付けられており、一般的な不動産情報として広まる前に手が打たれているという現実。もちろんチェーン店舗等を運営している大手企業は、そんなプロ達と手を組んで、「この辺で物件が出たら連絡を下さい」とちゃんと経費を支払って交渉しているわけで。

そんな状況でも、頻繁に不動産情報をチェックしたり足でかせいだりしながら、いくつか内見はしたものの、帯に短し襷に長しみたいな感じの物件ばかり。渋谷から学大の間で、駅から10分程度だと、家賃が30万とか40万とかする場所ばかり。どう計算してもそんな家賃を払えるわけはなし。それ以前に礼金だ保証金だで、家賃の10倍以上が初期費用としてかかってくる。今の3人でやるとしたら、出せるとしてもせいぜい200万から250万位。公庫の様な団体から金策することももちろん考えたけれど、「自分達の手弁当でできる以上のことをするのはやめよう」

という考えもあり、なかなか思う様な場所を見つけられなかった。

そんなある日、渋谷の鶯谷町という聞いたことがない場所で、不動産物件が出たことを知る。その時はまだ、なぜか公開前物件みたいな感じで、「渋谷・45㎡」程度の、情報も場所も価格も曖昧な形で出ていた。あまり具体的に書いていないから余計に気になり、すぐに連絡をした。聞けば、その日の朝に出たとのこと。その日のうちに不動産屋に行き、正確な場所を教えてもらい、内見に行った。ちょっと訳ありで、前に借りていた方が居抜きというよりも、全く何も片付けない状態で出て行きたかった様で、それを前提に貸し出せる人を探していたらしい。

現地を見たら、路面とはいえ半地下。しかし太陽光も入る。大きさ的にもお手頃だし。厨房は本当に小さくて、大丈夫かと思ったけれど、昔友人に聞いた、「厨房の大きさなんて使ってるうちに体の方が合ってくるわ！」という言葉を思い出し、ここだったら何かできるんじゃないか、という具体的なイメージが湧いてきた。それまで内見した場所では、何をどうしたらいいのか分からなくて、イメージのかけらも分からなかったわけだから、それだけでも決める要素はあったのかもしれない。そして最後の難関、嫁さんに、

「こんな場所が見つかったんやけれど、どう思う？」

と恐る恐る相談してみた。一発で「あかん！」って言われると想像していたんだけれど、

「この場所だったらいいんと違う？」

と思ってもいない回答が。

自分は元来自分勝手な性格ゆえに、自分一人でいろんなことを勝手に決めてしまう性分を嫌というほど反省し、結婚以降は「嫁さんの判断」を基準にどう動くかを決めていた。で、その大事なご信託が降りたことで、「これはやるしかないな」と。ちょうど子どもが生まれて1歳位の頃。「何か新しいことを始めて食い扶持を稼いでもらわないと」という気持ちが嫁さんにもあったんだろうと思う。とにかく3人でそこを契約することに決めた。

元々この場所は中途半端に古い喫茶店だった。80年代に始めた位だから「渋さ」はないものの、何だかんだ言って居心地は悪くない喫茶店。おばあちゃんが一人でやっていて、朝はモーニングサービスから始まり、ランチだけお手伝いさんがきて、ナポリタンやフライ定食など、ありきたりだけれどボリューミーなものを提供、その後夕方6時位で閉めちゃう様な場所だった。ただ、代官山に抜ける道の途中という場所柄もあり、最近はいろんな店やカフェができ始めているけれど、当時はこの辺りに喫茶店やカフェが全くなかったゆえに、近隣の小さな会社の打ち合わせで割と使われていた様子。実は自分も東京にきた頃、この店で打ち合わせをしたことがあったことを後で思い出した。

30年前に契約したということもあり、その喫茶店時代の家賃はどうも破格だった様で、スケルトンにしてオーナーに完全に戻すと、家賃が跳ね上がってしまう可能性もあり、賃貸契約者が替わる形に移行してもらい、少しの値上げ程度（それでも高い）で契約にこぎつけられた。

ただ、その時点ではまだ何を、いつ始めるかははっきり決めていなかった。よくぞそんな曖味な形で始められたものだと思い出し、自分達の怖いもの知らずっぷりにただただ驚いている。

カフェとライヴの二毛作ならいける？　それでも残る不安

なぎ食堂のテーブルや椅子は、前に入っていたカフェのものをちょっと手を加えて使っている。厨房も基本はそのままで、ほとんど手を加えてない。手を加えるお金もなかったし、元々始める時から居抜き物件をずっと探していた。とはいえ、ここは「居抜き」というより、先住者のおばあちゃんが逃げ出したかの様な状況からのスタートだった。椅子やテーブル、皿ならありがたいが、棚の奥にしまい込んだゴミから、最悪前日の生ゴミまで捨てずに出て行かれた。あの時はもうバタバタだったんで、そんなことを考えるひまもなかったけれど……ひどいなぁ。

前章で書いた通り、ヴィーガンレストランを始める為に店を借りたのではなくて、ちょっとしたライヴとカフェ営業を合わせた形でできないかと思っていた。当初、その旨を大家さんに話すかどうか悩み、「この位の音量なので、たぶん人には迷惑はかかりません」という様な資料を作ったりはしたんだけど、結局それも見せないまま店を借りることになった。

音楽を演奏するスペースを借りたい人は多いと思うけれど、もし自分が大家の立場だったら厄介でしかない。不特定多数がワイワイと騒ぐ可能性のある飲食店よりも、雑貨店や事務所の方がいいに決まってるし、静かで近所に迷惑をかけない様にしてくれる店子がいい。ましてや渋谷界隈で、引く手あまたな物件ならば、借り手が面白いことをやろうとしているかどうかなんて、不動産を持ってる様な方にすればどうでもいいことなはず。地方だったら〝町おこし〟的なことで、ちょっと変わった店が求められるかもしれないけれど、東京ではなかなか難しい。

そんな店の形みたいなところで一つだけ参考にした店があった。渋谷から246で宮益坂方面の途中、渋谷警察の坂を上っていった所の古い公団マンションの地下にあったガボウルというカフェ。もしかして、元々はマンションの駐車場だったのかもしれない様な地下にある打ちっぱなしのフリースペースで、地下とはいえ、宮益坂から入る階段には陽が差し込む感じもあって、密閉感は全くなかった。ライヴをやっても椅子席で80人近く入る。ニカさん（二階堂和美）のDVDボックス発売記念イベントやハウ・ゲルブとキャリフォンのライヴはここでやらせてもらって、とてもいい雰囲気でできたことを覚えている。

店主の方も若くていい感じの方だったんだけど、マンション自体が取り壊しになることもあってその場所での営業は終了、別の場所で店を始めることに。ただ次の店では苦情が凄くて思い通りにイベントを組むことができず、結局かなり短い期間で店を閉められた記憶がある。そういうことって、店側の騒音や客層の問題だけじゃなく、物件や近隣の状況等々、単純に運みたいなものに左右されるちゃうんじゃないか、とずっと思っていた。特に渋谷でやるとしたら、よっぽどお金があるか、もしくは運がよくないと、半地下とはいえ、ライヴを中心にした場所の運営をするのは難しいんじゃないかなと思ってはいた。

渋谷のなぎ食堂の場所でライヴをやりたいって思ったのは、周りにミュージシャンが多くて、彼らの演奏の場を作りたい、と思っていたのももちろんあるけれど、そうしないと経営的には難しいと考えたから。例え渋谷といえど、キツめの坂を降りた場所にある立地条件や特に売りのない素人が始めたカフェであることなどから、そんなに多くの人がくるとは思えない。毎日は無理でも、週4程度ライヴのスケジュールを組み、昼はふつうにごはんを出せるカフェとして、夜はそのライヴと飲み屋としてやるという形だったらいけるんじゃないかという、今考えたら浅はかな素人考えでの読みを頼りに、店を始めることにしたのだった。

ライヴ&カジュアルなベジの店でいこう！

「カフェやバーでライヴ」っていう業態は増える一方だった。自分達もライヴハウスじゃない場所でライヴをする方が楽しかったので、いろんな場所で企画をしていた。でも、ある頃から、「それって場所が変わっただけで、結局ふつうのライヴと何が違うんだろう?」って気持ちもあって。その場所でやる「理由」とか「意図」の様なものが伝わらない限り、正直どっちでもいいじゃないかと思い始めていた。ミュージシャンにとって、演奏する場所が増えるのはいいことだけれど、何よりも、ちゃんと演奏に対価としてのギャランティーが保証されているのかってことに不安も感じていた。アーティストにちゃんと利益を渡せないのに、店側の利益の為客寄せとしてライヴをやってもらう、みたいな形は絶対やりたくないなとも思っていた。

場所を借りて契約するその前から、皆でいろいろと考えていた。いつ頃だったかは忘れてしまったが、中井さんに、

「小田、まだベジやってるの？」

と聞かれた。ちょうどその頃は時々魚も食べてはいたけど、基本的にはベジの食生活になっていて、偶然からいつも自分が家で出しているごはんみたいなものをランチで出す店なんてどうかな、という話になった。「あ、それやったら余裕でできるわ」と思った。

ベジになってからmixiの日記にアップしていた様なオリジナルのレシピが山ほどあるし、その他にも外には出していないけれど、日常的に作っている料理のアイディアもたくさんあって。カレーうどんとかラーメンとか、その辺のメニューをうまく組み合わせればいけるかも、と。

ディナーのレベルになると無理だけど、ランチであれば十分対応可能。いわゆる形ができ上がったマクロビオティックや精進料理、必要以上に高級なベジタリアン料理と戦うことは難しいと分かっていたけど、自分達が日常的に食べている、ジャンクでカジュアルなベジだったら

いけるんじゃないかと。なおかつ、周りを見回したら、カジュアルなベジ屋って全くなかった。

日本中をツアーした時に感じたのは、ベジ屋さんはいくつもあるけれど、ランチなのに1500円以上したり、食べに行くのにすごい時間がかかる様な辺鄙な場所にあったり。経済的、時間的に余裕がある人しかベジ料理を楽しむことができないことに若干苛付いてもいた。「ベジってそんなに選民主義的なもんなのか?」と。オーガニックでなくてもいいし、食べて健康になんてならなくてもいい。とりあえず動物性の物を使っていないっていうだけでいいから、そういう店があったらありがたいのに、という思いがずっとあって。なおかつ1000円以下で食べられる店があったら、自分は絶対行くだろうな、と思っていた。

ないんだったら自分が作ればいい。雑誌をやっていた時もそうだったし、レーベルを始めた時も、アーティスト招聘をやり始めた時もそうだったけれど、他の人がやっているんだったら自分みたいな門外漢がやる必要はないわけで、誰もやっていないからやるわけじゃないか、と。じゃあ、まだ誰もやっていない「お手頃価格のジャンクなベジ屋をやろう」と思った。セレブなんて一人もこなくてもいいから、知り合いの海外ミュージシャンはもちろん、血圧が高くて食べ物を制限されているおっちゃんとか、肉はちょっと胃に重いな、と思うご老人、犬との暮らしの中で肉を食うのを控えようかな、と思い始めたOLさん……そんな「何となく菜食」の人にきてもらえればいいか、と思ったのだ。

その頃思い出したことがある。自分の昔からの夢の一つが、「食堂」をやることだった。食堂というのは、本当に大衆食堂のこと。大学生からプー太郎の頃、建築現場のバイトをしていた時に、そんな場所にしょっちゅう行ってたことを思い出した。入ったらショーケースがあって、小皿料理や焼き魚がずらっと並んでいて、それを取っていって、最後におばちゃんにごはんをもらって、っていう形式の食堂。好き勝手におかずを取ってビールのつまみにしながら、ぼんやりと夕方のニュースを見る……あれがずっとやりたかった。

また、夕方位までだらだらとランチを出す店が欲しかった。大抵の喫茶店やランチを出す店って、昼の2時半とか3時でランチが終わってしまう。あれが凄く嫌だった。2時ちょっと過ぎた頃に店に駆け込み、

「あ、ランチやってます?」

「いえ。今、終わりました」

と言われてしょんぼりと肩を落としたことは一度や二度じゃない。正直、カタギとは言えない社会人は、その位の時間に昼ごはんを食べたいもんなんだ。だから、その時間に開いてる店をやりたかった。

イメージは、ランチで12時位に店を開けて、夕方の4時半位までずっとランチ。それから夜のライヴの準備やサウンドチェックとかやって、6時半とか7時位からライヴをちょろっとやって、お客さんはずらっと並んでいる小皿料理を勝手に取り、ビールを飲んでライヴを見るという。そんな店が憧れだった。それを北口君とか中井さんに言ったら、みんなフリーやし、

「気持ち凄い分かる。感じええな、そんな店」

と言ってくれて。あかん奴らの気持ちが一つになった瞬間だった。

店名は「なぎ食堂」に決定

契約をしたまではよかったけれど、改装費用は、トイレや小上がりを作る以外、ほぼなかった。オープンの資金だけで手いっぱいだったから、じゃあ自分でやろうっていうことになった。ただ、DIYというか、自分達でできることはやるというのも、一つの夢だったし、それが当たり前だと思っていた。ただ、北口君は日々の編集の仕事でめちゃくちゃ忙しかったし、中井さんも同じくデザインの仕事で忙しい。

「自分達は現場の仕事には携われない。ごめんな」

と最初から言われていたので、それはもう、自分がやるしかなかった。


お恥ずかしながら、イメージはあった。全く規模も内容も違うのだけれど、イギリスのグラスゴーにあるmonoという憧れのスペース。真ん中のパティオがフリースペースになってて、monocafeっていうベジ屋さんがあったり、monorailっていうザ・パステルズ[*48]のスティーヴンがやってるレコ屋がある。そこに行けば、カフェもあって、ベジも食べられて、レコードも買えて、夜にはライヴもやっている。いろんなものが複合体としてある場所。グラスゴー界隈のミュージシャンから話を聞いて、それは本当に羨ましいなぁとずっと思っていた。

また、その少し前にアメリカのポートランド[*49]の話をアメリカのミュージシャン達から聞いていた。特に、Mウォードとかタラ・ジェーン・オニールが、皆ポートランドに移り住み始めた。

「ポートランドって、面白そうだけれどどんなところ？」

と聞いたら、皆が、

「いいところだよ！」

と誇らしげに言う。

オレゴン州自体に消費税がなかったり、街中をほとんど自転車で動けたり、DIYの為にいろんな施設が用意されていたりと、それはそれは住みやすいだろうなぁって話をいくつか聞いた。また、ポートランドには豊潤なジンカルチャーがあったり、アナログオンリーのマニアックなレコード店があったり。そんな文化も含め、DIY文化に対して憧れはずっとあった。ただ、そんなDIYブームのおかげで、夢を持った多くの人が流入して、現地では仕事がなくなり、どんどん大変になってきているという、夢の裏返しの様な話も聞いていたけれど、それでもそんなDIYの匂いがする場所には憧れがあった。

店の名前をどうしよう、となった時、ずっと思っていたことがあった。自分は酔っぱらってけんかをしたり、仕事をすぐにやめたり、人に迷惑ばかりかけてきた人生。だから「もう、波風とか立てるのは嫌だな。波風たてずに、一つの場所で何かをゆっくりとやるって気持ちを名前にできないかな」と思って。その時、

「なぎ、べた凪みたいなのっていいよなぁ」

とポツリとこぼした。その頃、景気は今よりはよかったと思うのだけれど、何だか妙な閉塞感もあった。決して派手にその場所が盛り上がるなんて期待しちゃいない、ただそこで静かに静かにやりたい、と。「サウダージ」みたいなイメージ……静かな波がきて、ちょっと切ないみたいな……そんなものに憧れつつ、もう少しベタな感じでやりたい。できることを自分らのできる範囲でやっていきたい。そんな思いもあって「なぎ」って言葉を使いたいと思った。加えて、以前から言っていた食堂への憧れ。それを併せて「なぎ食堂」。3人で、

「あ、それいいんとちゃう？」

とすぐに決まった。特に嫌味な感じでも、恥ずかしくもないし。自分で言う時に、恥ずかしくなる様な名前だけは嫌だから。英語ならまだしも、意味も分からぬフランス語やスペイン語の名前だと、やっぱり恥ずかしい。

そして、この居抜きの小さな店は、「なぎ食堂」になった。

オープン準備は一人。DIYでやるしかない

何かを始める時って、やり始める前の「さぁ、やろう！」と決めたその瞬間が一番ワクワクして楽しいものだ。実際に作業がスタートして、気持ちを持続させて何かをやり続けたり、具現化させることは、とにかく大変。本を作っている時も、レコードを録音している時も、実作業の時が一番苦しい。

だから、「なぎ食堂をやろう！」って決めたその時が、一番気楽で楽しかったのかもしれない。三人三様、やりたいことがあまり見えてなかったけれど、何かが始まる様な未曾有の期待感がそこにはあった。結構店の仕事に手慣れてしまった今、それを再び味わうことはできないのが悲しい……いやいや、まだまだやってないことはたくさんあって、やらなくちゃいけないことは山ほどある。何を抜かしているんだ。

その少し前、北口君が、

「奥さんは働かないんですか？」

と一言聞いてきた。自分も何となく、それがいいかなと思いつつ、嫁さんに言ったら、

「子どもさえ何とかなったらやりたい」

と言ってくれて。ただ子どもを保育園に預ける算段を考えている間に、二人目を妊娠してるこ

とが判明して。結局、その時の子どもは流産してしまって、いろいろとバタバタの中、嫁さんも動くことができなくなった。そんなこともあり、店のオープンの準備は、ほぼ自分一人でやることが決定してしまった。

そこら辺が自分のダメなところなんだけれど、何の根拠もないのに、準備作業は時間さえかければ一人でできるんじゃないかと思ってしまっていた。もちろん、電気や水道周りとか、業者に頼まなくちゃいけないことはあるけど、壁を塗ったり片付けをしたり、レイアウトを考えたりは一人でやれるんじゃないかと。今から考えたら甘すぎるし、計画性がなさすぎる。それは店の経営全てにおいて、その後も大きな問題になり続けている。

自分達でできるもの以外としては、まずトイレを和式から洋式に替えてもらうこと、そして食堂なんで、座敷、というか小上がりを造りたいなと思っていた。当初のイメージは、今の小上がりの様な感じではなく、ロフトとまではいかないけれど、もっと高い場所にあるイメージだったんだけれど、全然そうはならなかった。

ふつうだったらそういう店を作ろうと考える時に、周りの友達に建築家とかがいて、一緒に具体案を練っていったりするのかもしれない。ただ、そういう知り合いが全くいなかった。まぁ、いたとしてもお金の問題で相談できなかったと思う。また、いわゆる「洒落たカフェ」みたいなものにはしたくはなかった。まだ、ミッドセンチュリーモダン[*50]系の椅子を置いてたら、それなりにカフェっぽく見えていた時代。自分がやるとしたら手作りで、決して洒落てはいないのだけれど、結構長時間いたくなる様な店になればいいなぁと思っていて。その為には工務店にできるだけ頼まず自分達で作らなくちゃ、そういう強迫観念に近い様な気持ちを持っていた。

小上がりとトイレだけは自力では無理なので、業者の人にやってもらおうということにした。自宅のマンションに出入りしている工務店のおやっさんに「やってくれへん？」ってお願いして。トイレを洋式にするのも含めて、配管とかも直して、それでこの程度のお値段でできないかなぁと打診。あと、入口にでっかいボロボロの幌があったのを取り外して廃棄してもらうこともお願いして。当初トイレだけだったのが、勢いつけて「あ、これも」「あとこれも」とどんどんオプションを付けていった形だったんで、おやっさんは渋々承知。ありがとう！

ただそのおやっさん、何だかんだ言って、たった半日で前の和式便器を壊してモルタル打って洋式便器を取り付けて完成、そしてたった一人で、しかもわずか1日でなぎ食堂の小上がりを仕上げてくれた。「この値段だったら人を雇えんわ」と愚痴を言いながら、設計図も何もなく、適当に木をバンバン切って小上がりを作ってくれた。ただ、先に書いた通り、あの小上がりは、本当はあと30㎝以上高くするつもりだったんだけど、あっという間にあの高さの小上がりができ上がってしまっていた。もちろんクレームは入れるに決まってる。

「何でこんな風になってるん？　話違うで」

と言ったら、

「ステージが……やっぱり……」

とモゴモゴ言ってる。

「いや、ステージがあった方がいいだろ?」

よくよく話してみたら、そのおやっさんは酒飲みで、昔よく飲み屋つながりでスナックやカラオケパブを作っていたらしい。そんな場所には、歌う為のステージがあるわけで、それ用の小上がりみたいなものかと思って作っていた様なのだ。そのあまりのばかばかしさも、考えてみたらちょうどいい様な気もして、

「うん、じゃあ、これでいいわ。ありがとうございます」

とこっちが納得。結局、予定よりかなり低いがゆえに、その下は倉庫にしか使えなくなってしまったけれど、それでもまあ、ずっと欲しかった小上がりができたのだった。

狭い厨房は体を合わせて使いこなせ!

今から考えたら、もう少しだけでもいいから金をかけて、厨房をいじっておけばよかった、と思うことがある。その狭さと使い勝手の悪さだけを言えば、他のどんな店にも負けない。コンロに関しても、ふつうの家のグリルと同様のものしかない。作ることはできるんだけれど、

できたものを置く場所がない。コンロが二口しかない。何もできない……しかし、それで9年もの間使い続けて、愛着がない、と言えば嘘になる。いや、結構、一人で作業するには、コックピット状態でやりやすかったりもする。

そのままにしているのは、別の理由もある。学生時代にバイトしていたセサモっていう店のことをいつも思い出すのだ。自分が働いていた頃は、あまり凝った料理は作っていなかったので、カウンターの奥に軽く料理を温める程度のキッチンがあっただけ。その後、店長が替わった。その人はあんまり場を盛り上げたりできないタイプなんだけど、実はいい人で料理がべらぼうに上手かった。

その店長がセサモをオーナーから買い取って自分の店にしてから、タパスを出す飲み屋、今でいうところのバルにした。自分の店にする段階で厨房をいじってるのかなと思ったら、全く同じ厨房だったことに驚かされる。なおかつ、40席近くあるにも関わらず、一人で汗をダラダラかきながら1日20種類位のタパスをガンガンに作ってる。しかも、おいしい。元々技術のある人だからできるのは分かるけれど、あんな小さな厨房で。

「凄い。ようやるなぁ」

「こんなもん、慣れや」

と一喝された。

「ちゃんとした厨房がないとできないと思ってる奴は、単に腕がないだけや」

また、セサモで自分の前にバイトしてた釘（宮一也）ちゃんっていう、よだれと鼻水を垂らしながら歌う面白い歌い手がいるのだけれど、釘ちゃんもめちゃくちゃ料理が上手だった。ただ酒が好き過ぎてすぐにクビになったりしながら、とにかくいろんな飲食店で働いてきた。そんな彼に、店を始めてすぐの頃に厨房が狭いと愚痴を言ったら、

「どんな場所でもな、気付いたら体の方が合ってくるもんやで。一人でやる分には厨房は狭い方がやりやすいし、無駄ないで」

と言われて。その言葉がずっと頭の中に残っている。

元々ちゃんとしたレストランで料理をしてた人は、なぎ食堂の厨房を見たら、「こんな場所で料理ができるか！」って怒ったりするかもしれないけれど、自分はこれまでの経験がないから、この場所でできるものは何だろうか、と考える。もちろんメニューも、あの厨房だからできるもの、あの厨房ではできないもの、それぞれいろいろとある。例えばベジタリアン仕様のパスタなんて、いくらでもおいしいものを作る自信はある。ただ、あの厨房ではどうがんばってもパスタをお客様に出すことはできない。パスタは、茹でる鍋とソースのフライパンの二つが絶対必要で、それでようやく一人前しかできない。一つの料理を出す時に二口のコンロを使うなんてことは、あの場所ではとにかく無理なのだ。

これまでなぎ食堂で提供した料理で圧倒的に人気があったのは、おからの餃子だったのだけれど、あれも現在のうちの店では難しい。「またこのおっさん、面倒臭がってるな？」と思わ

れるかもしれないけれど……いや、それもあるがそれだけじゃない。おから餡を作って餃子に包むのは、ひまなタイミングでできるけれど、餃子を焼こうって段になると、ふつうのフライパンでは、一、二人前ずつしか焼けない。また、それをやると他の料理が全くできなくなってしまう。おから餃子を出したら今でも凄く人気が出るのは分かっているけれど、できないのだ。ラーメンをはじめとした麺料理もレパートリーにはあっても、やっぱり出せない。もはや厨房の大きさに不満はないけれど、出したい料理が出せないというジレンマは今も続いてある。

天井、壁、床を剥がし……一人でこなせばノウハウはたまる！

「渋谷でベジ」だから、結構外国人がくるだろうというのは最初から考えていた。だから、うちの店の場合、特にオリエンタリズムとしての日本はないんだけれど、靴を脱いでくつろげるスペースがあるっていうのは、観光客の人にとって少し楽しいかもな、という読みはあった。それで、内装はそれ以上大きく作るものは必要ないと思っていた。

ただ、壁には元々壁紙が貼られていたんだけれど、ヤニと油でかなり汚れていて、それをベリバリっと剥がしたら、その下にびっしりとカビがひしめき合っていて、そこでまず一泣き。

「店として、衛生的に果たしてどうなんだ！」
と怒りを感じつつ、まずそれを8月のクソ暑い時期に、たった一人で全部剥がしていった。これはいわゆるスケルトン状態にしないと、何も始まらないな、と。

また、床に貼ってあるリノリウムのクッションタイルもベリバリバリ…っと一気に剥がす。それも何十年も貼ったものだけに、油と接着剤が完全に固着しちゃってるわけで、剥がしたとしても床にはベタベタといろんなものがくっ付いてしまっている。それをスクレイバーというステンレスのヘラみたいなものでゴシゴシゴシゴシ……と延々削り続けた。数人でやったらいいのだろうけれど、この様な雑用仕事はなかなか人に頼めない性分。ちゃんとした工務店に頼んだら一日でガーって削る機械もあるそうだけれど、それでも自分一人でやる方を選んだのは、何かしら意地があったのかもしれない。それで改装に2ヵ月以上かかっちゃったわけだから、空家賃を考えたら損かもしれないのだけれど。

ただ、開店準備をゼロから一人、というか自分でやったら、作業のノウハウが貯まる様な気がして。だから二軒目、武蔵小山の店を始める時は、「ここはこの位時間がかかる」「ここは人に頼んだ方がいい」と、その時の失敗を踏まえて思ったよりもスムーズにできた様な気がする。

店をいったんスケルトンにする作業は本当に辛かったけれど、改装も「作る」段階になると、かなり楽しくなってくるもの。壁にはずっと前から使いたいと思っていた「珪藻土[*51]」という素材を使った。それは、半地下だから結構湿気が多いのは分かっていたし、前の店の時に壁にカビが発生してたんで、湿気を吸ってもらおう、という考え。直接珪藻土を塗っているので、いつか店を出て行く時、スケルトンに戻すのは大変だけど、始める時にやめることを考えるのもお門違いか、と考えた。

珪藻土の壁ってだけでそれなりの雰囲気ができるから、きれいにできなくてもいい、雰囲気でなんとかなると思っていたので、mapのブログで「壁塗り、手伝ってくれる人募集！」と書き込んだら、いろんな人が手伝いにきてくれた。「あぁ、こんなことだったら剥がす段階の時にお願いすれば良かった」と後で後悔したけれど、毎日誰かが遊びにきては壁を塗ってくれた。あっち側の壁はトクマル（シューゴ）君が塗ってくれたとか。向こう側の壁はCore of Bellsの輩が、こっちは『CDジャーナル』の編集者の市川君がと、その都度きてくれた人に塗ってもらった。あれから9年、禁煙にしていることも大きいけれど、油のまわりが多い業種にも関わらず、壁はそれなりにきれいなので珪藻土は成功だったんじゃないか、と今になって思う。

椅子や机に関しては、元々置いてあったものを自分で張り替えることにした。まずはウレタンを入れ替えて、フェイクレザー布を張って、タッカーでパンパン留めて。正直どうやったらいいか分からなかったけれど、とりあえずこうすれば何とかなるのではと、トライ&エラーの毎日。もちろん、素人仕事だからツメは甘い。裏から見たら、何じゃこりゃ、な椅子の張り方。

ただ、当時はまだミッドセンチュリーモダンっぽい椅子が流行っていて、その手の椅子を使うのがスタンダードになっていた。それは絶対嫌だったし、元々あった椅子は、ご来店頂いた方は分かると思うけれど、正直座りの悪い椅子。でも、昔の喫茶店らしい、オープン時にオーダーメイドで作った様なちょっと味わいのある椅子だった。また、あえて新しい椅子を買うとなると、その人達の個性や趣味が見えてくるわけで、正直、それをあんまり見せたくなかったということもある。「前からあったから使っているんですよ！」っていうよく分からない必然性だけで存在してるっていうのも面白いかな、と。

自分には、インテリアとかのセンスが根本的にないっていうのは分かっていたし、無理して洒落た人に頼むというアイディアも全くなかった。とにかく、できることだけで上手くやるっていうのが楽しくて、それには何かしらの意味がある様な気がしていた。

ショーケースが欲しかった

店のど真ん中にはドーンとデリが入ったショーケースが置かれている。新しい店にも小さいショーケースを入れてるのだけれど、店をやるのにこれだけは絶対欲しかった。なぜなら、本当にやりたかったことは、惣菜を勝手に取って食べる様な食堂だったから。このショーケースを置くことで、もしかしてできるんじゃないかな、と思っていた。あとデパ地下の惣菜やサラダ、ケーキのショーケースから、何か幸せそうな空気が漂っている気がして。「うまそうな食べ物がたっぷりとそこにある！」という幸せな感じ。それがやりたかった。

ただ、最近冷蔵庫メーカーの方に聞いて驚いたのだけれど、デパ地下の惣菜屋さんのショーケースは全部が冷蔵ではなくて、結構常温のものが多いらしい。つまり、ただ単にきれいなガラスで仕切られているだけの棚、だから商品の回転がもの凄く早くないと危ないとのこと。また、何であんなにキラキラとおいしそうなのかと言えば、ツヤツヤとさせる液や保存料を、時々振り掛けていたりするところもあるそうな。加え、結構値の張る特別なライトでおいしそうに見える演出をしているから、あんなにキラキラしているわけで、ふつうの冷蔵ショーケースではあんなにきれいかつ、おいしそうには見えない、ということを知る。恥ずかしながら、そうとは知らず、あの冷蔵ショーケースを目標に、保存料もツヤツヤ液も特製ライトもなしで、デリの作り方で何とかおいしそうに見せようと努力はしているけれど……無理だ！

あのショーケース、新品で買うと1台100万以上もする。当然その値で買えるわけはないので、リースも考えたが結局ヤフオクで必死に探して落とした。そして運送費もばかにならないので、近場で探して直接取りに行くことにした。正直、中古の冷蔵庫は当たり外れが凄く大きいと聞いていたから、購入して1年位で潰れても仕方ないという気持ちで落札。それが気付くと9年もってるから、もう十分に元を取ってると思うけど、まだもう少しがんばって頂きたい。

そんなショーケースの出品者は千葉の山の中の方で、「配送は自分らでやってください。こ

「ちらはできません」という事情で安かった。業者に聞いたらそれだけで4〜5万かかるって話だし。それで、当時ハイエースに乗っていた54-71の佐藤ビンゴさん、今やVICE Media Japanの社長をしている彼に、

「日当出すから手伝って！」

とむりやり頼み込んだ。それでわざわざ千葉の先まで取りに行った。何とか運ぶことはできたのだけれど、あんな重くて、もし倒れたらガラスが割れて台無しになるものをどうやって店の中に入れたか、そこらへんは全く記憶がない。ないけれど、何かとても大変だった記憶だけが残っている。店を作り始めて、自分達でどこまでできるか、みたいなことに意地になってた部分もあるのかもしれない。ただ、ほぼ深夜になってしまった渋谷で、あのショーケースを店に入れた瞬間、まだ壁を塗ってる最中なのに、「もう、これで店ができるぞ」と確信した。

プレオープン～かえる目ライヴ事件

オープン直前の時点まで、夜はライヴをやるつもりでいた。自分がずっとレーベルをやり、イベントも手掛けていて、音楽家の友人もそれなりにいたから。そしてその頃、かえる目とい

うバンドのファーストアルバムが出ることになった。タイミングもちょうどいいし、お披露目みたいな形で、なぎ食堂のプレオープンのイベント的な意味合いで、発売記念ライヴをしようと企画した。

かえる目は、細馬宏通さんという滋賀県立大学の教授であり、異なるさまざまなジャンルでめちゃくちゃ面白い本をたくさん書いてる人と、宇波拓、中尾勘二、木下和重という世界的に見てもちょっとどうかしている音楽家の4人でやっているポップスバンド。彼らは技術も凄いので完全生音でもちゃんとコントロールして演奏できるということもあり、〝プレなぎ食堂〟で2日間（のライヴを）やろうということになった。

その日程が決まり、締め切りができたことで内装を一気にがんばって、何とか人が楽しめる状況に、店の内装ができ上がった。ただ、その時はまだフードを出す余裕がなかったので、厨房からコーヒーやドリンクを出す準備だけをした。かえる目って今は細馬さんの文筆家／思索家としての話題性もあり、結構人気があって、ちゃんと告知すれば東京だと、100人位は入る感じなのだけれど、当時はまだ音源も出ていなかったし、知る人ぞ知る、みたいなバンドだった。それをまだオープンもしていない場所でライヴをするわけなので、「お客さんきてくれるかなぁ、どうかなぁ」と心配していたんだけれど、想像以上に人がきてしまった。当初の予想としては、20人位きてくれたら御の字だったんだけれど、その倍以上きてしまった。もちろん、そんなことを予測もしていなかったし、スタッフ自体あんまり考えていなかったこともあり、店から人があふれてしまった。

当初、一番懸念してた音の問題は、かえる目が見事に音をコントロールしてくれて大丈夫だったんだけれど、人があふれてしまったことで、ライヴハウス等で必ず問題になることが早くも露呈してしまった。簡単に言えば、「何者かよく分からない奴らが、まだ何ができるかよく分からない場所にたむろしてる」っていう状況がいきなり生まれてしまったのだ。大家さんはともかく、近隣の住民やお店の方にとって、一番困ることは、その街が今までとは違う様子になってしまうことだというのは分かっていたから。

ただ、こちらも初めてのイベントでもあり、ドリンクを出すだけでとにかく精いっぱい。お客さんに「すいません！　外で騒がないでください」と声をかけることさえできず。これは後でトクマル（シューゴ）君から聞いたのだけど、ライヴの途中で年配の女性がやってきて、

「何してんの？」

って聞かれたらしい。その方はご近所で働いている方で、当店の不動産屋と知り合いだった様で、「まだオープンしてないあそこに人がやたらきてるけど、なんなの？」と、休日の不動産屋さんに電話をしたらしく。結果、不動産屋のおやじさんが、休日ゆえに少し赤ら顔で、

「何してんだ、あんた！」

とやってきた。

あれから9年、いろいろとあって、そのおやじさんとは仲よくやっているのだけれど、その

時は契約時に一度話したっきり。こちらが何をやろうとしているかどころか、どんな店になるかも分かっちゃいない。飲食店をやると聞いたのに、ずっと一人で作業していてオープンしない……。何かやってるなって思ったら、人がやたらとたむろってる。しかも勝手に演奏をしている。そんな状況、冷静に考えたら許せるはずはないわけで、この不動産屋のおやじさんに、

「こんなことやってるんなら、契約解除しますよ！」

とむちゃくちゃ怒られて。

「とりあえず今日だけはやらせてください」

とお願いして、続けさせてもらった。

「分かった。分かったから、もうやめてよ。君らのこと信じるからさ。たーのーむよー」

と。もうただただ「あっちゃー」って感じだった。

　不動産屋さんのおやじさんがなぜにそこまで敏感になっていたかといえば、他にも理由があった。すぐ近くに一階と地下がある店があって、上も下もカフェ仕様で借りていたはずなんだけれど、下のフロアを何の防音もせずに勝手にライヴハウスにしていたらしい。ふつうだったら警告みたいな感じのはずだけれど、どうも高校生位の、バンドを始めたばかりの子達を相手にしていたライヴハウスだったらしく、未成年の飲酒等の問題もあり、問題が騒音だけじゃなくなっていた様子。結局、その店は半年ももたずに閉店を余儀なくされたんだけれど、そんな店が問題視されていたこともあり、この通り一帯が、ライヴとか人が集まることに、妙にピ

リピリしていた時期だったのだ。それもあって、オープン前に変なことをしようとしている輩はちゃんと潰しておこうということもあったんだと思う。

結局、その二日間だけは何とかライヴができたのだけれど、もう、こちらの心持ちは「どうしよう、ライヴできない！　店、あかんやん！」という状態。他のことにはなかなかへこたれないタイプではあるんだけれど、これには、本気で落ち込んだ。もうどうしたらいいか、分からなくなった。目の前が、本当に真っ暗になったもの。

今考えると、あの時一番問題だったのは、自分達が何者か分からなかった、ということだと思っている。それはもう、当たり前のことで、信用もなかったし、何をやってるか、やろうとしているのかも分からない。だけど今、こうやって9年位続けてやってきて、「あそこは営業的に悪いことはしていないし、問題はそんなに起こさない様だよ」という信用さえできれば、周りの見る目が違ってくるということが分かる。もし今、小さな音でライヴをやったとしても、不動産屋さんのおやじさんも大家さんも、そんなに怒ることはないと思う。ただ、信頼関係も何もない状態で、それをやるのはやっぱり間違いだったと思っている。

もし、新たに店や場所をやろうと思うならば、例え自分達がやりたいことがあっても、まずは周りの人達とコミュニケーションをとって、ちゃんと話し合って、できる方法を一つずつ考えるべきだと思っている。世の中、そんな風に無駄に時間がかかっちゃうことって結構あるんじゃないかな、と。そこを焦ったら、何もできない、とにかく長く続ける為には何をしたらいいのか、冷静に考えるべきだと、今はっきりと思っている。

＊48：1981年にイギリスはスコットランドのグラスゴーで結成されたインディーロック・バンド。中心メンバーはスティーブン・パステル。

＊49：アメリカ・オレゴン州の北西部、マルトノマ郡にある都市。犯罪率の低さ、環境への配慮度、発達した公共交通手段等の条件と、地ビール等の地場産業の振興等から、「住みやすい街」として、世界中から注目を集めている。

＊50：1950年代を中心として、1940~1960年代に主にアメリカで生まれた新しいデザインの流れのこと。主に家具やインテリア、建築などを通じて表現された。主なデザイナーに、イームズ、柳宗理、ル・コルビジェ等がいる。

＊51：藻類の一種である珪藻の殻の化石からできた堆積物のこと。ダイアトマイトともいう。耐火性、耐熱性、吸湿性に富んだ性質から、建材や保温材など幅広く利用されている。

第五章　味、メニュー、雰囲気〜他店にはない僕達流のベジ食堂作り

ランチは絶対1000円以下に！

最初で最後のライヴの日、嫁さんにドリンクを手伝ってもらった。嫁さんと二人だけで店をやったのは、後にも先にもその日だけで、それ以降一度も店に入ってもらったことがなかったんだけど、その時に彼女が、

「何かこんなこと、お店屋さんごっこみたいだけどめっちゃ楽しい」

と言ってくれたことが本当に忘れられない。実際、自分達の店を作って、お客さんがきて、とにかくそれが「うれしくて楽しい」。その感じは今もなおずっと続いていて、もし、その気持ちがなくなったらやめようと思っている。いきなりライヴをやるのはダメだと不動産屋のおやじさんに言われた時、「今だったら、店自体取りやめにできるかも」ということが頭をかすめたりもしたんだけれど、その「楽しい」感じがずっと体に残っていて、どうなるかは分からないけれど、こんな店をやり続けたいと強く思ったのだった。

店を一緒にやっている北口君は、すぐに悩んだり焦ったりする自分とは違って、本当にいつも根拠なくポジティヴな考えができる男で、そのキャラクターに今もなお、ずっと救われている。オープン前に壁にぶち当たってしまって「どうしよう！」ってなった時も、彼が

「でも、小田さんのごはんおいしいから、絶対大丈夫ですよ！」

と言ってくれた。その一言にどれだけ救われたことか。

短い時間にいろんなことを考えた。中井さんはライヴが無理ということで店の運営から距離を置くことにした。僕らはとにかくライヴはできないけれど、店はやってみようと気合いをグイッと入れた。もう、本気でやろうと。本気でやらないことには、たぶん半年で潰れるだろうと思い、半年は他のことを何も考えずにやり続けようと決めた。まずはベジ屋をちゃんとやる。それまでのアイディアは、ランチを定食でワンプレート用意する程度の考えだったんだけれど、それを根本的に考え直すことにした。

当初自分一人で働くつもりだったんだけれど、厨房からすぐオーダーを聞きに行けないという店の構造上、ホールだけでも手伝ってもらうバイトのスタッフを入れなければならないことが判明。スタッフ二人で、自分達の夢の一つだった、昼の12時から夕方6時頃までランチメニューを出せる様にしよう、と。夕方位からは早い夜ごはんに加えてアルコールが出るだろうから、1日2万5000円位売上げられれば、いけるかなと考えた。

「ランチの価格設定は1000円以下じゃないと！」というのが自分の中のプライドとしてあった。自分達が「食べたい！」と思わない料理は出せないと考えていたから、当初はドリンク付きで900円にしたと思う。その頃、北口君と運営について話し合った時、

「1000円を超えないと無理ですよ」

と言われたんだけど、僕は、

「それだけは絶対嫌だ！」

と言い張った。そこを越えると自分が行けなくなる。そうすると6時間で25人位お客さんがくればいいかと。1時間に4〜5人、めちゃくちゃバックシな計算だけど「それだったらいける様な気がする」と。すると27〜28日で月に70万円近くは稼げるんじゃないかと……もう、全部がどんぶり勘定。世の中そんなに上手くいかないことがたった数ヵ月で判明するのだが、その時は「大丈夫！　大丈夫！」とはっきり思っていたんだから、どこまでお気楽なんだと。

その代わり人件費がかかるので、あまりスタッフは増やさないでおこうと決めた。ただ、少しだけは入れなくちゃならないので、バニやんという、デザイナー志望の男性にお願いして。またもう一人、当時からケータリングの商売をしてたヨーヨーって子にも週に数日お願いした。彼女は食品衛生管理士の資格をすでに持っていて、その資格は一日講習を受ければ全員が取れる程度のものなんだけれど、オープンまでに講習の予約ができなくて。ただ、飲食店を始めるにあたって、食品衛生管理者とか調理師とかの免許を持っている人が一人必要ということもあり、彼女にスタッフとして入ってもらうことになった。

基本、最初は12時から夕方の6時までの6時間だけの営業だったので、自分一人だけでやっていた日も結構あった。オープンしたのは、おぼろげだけれど2007年の12月14日。夏頃から店作りを始めてたから、年内にはオープンしなくちゃっていう焦りから、「もうやってまえ！」ってな感じで、とにかく不安いっぱいなまま、オープンすることとなった。

ベジだけど、オーガニックじゃない

オープン予定の1週間位前、2日間だけ友達を呼んでプレオープン営業をしてみた。今はランチプレートのパターンが4種類位あるんだけれど、その時は1種類だけ。お惣菜が何種類か用意されていて、その中から3つ選んで、こちらでプレートに載せさせてもらう。これにサラダ、玄米ごはん、みそ汁、そしてドリンクで、併せて900円。「ワンプレートの上に好きなデリを3種選べる」という能動的なオーダー方法、これだったらいけるんじゃないか、と思った。

料理自体のクオリティーで言えば、今から考えると……申しわけないけど……ひどかった。いや、自分でそう言っちゃいけない。いや、最低限お客様に出せるものだったとは思ってるけれど、今の自分が食べに行ったら、「あぁ、こんなもんですか」と、もう一度は行かない程度の味だったと思う。思い起こせば、オープン当初から2年ほど、ほぼ毎日きてくれていたカップルさんがいて、半年ほど経ったある日、その女性が、

「こういう言い方は失礼にあたるかもしれないけれど……料理、おいしくなりましたね！」

と言って下さったことがある。本当に気を遣いながら言ってくれたのだけれど、腹を立てるどころか、めちゃくちゃうれしかった。ただ逆に、最初はやっぱりそんなにおいしくはなかったんだろうなぁ、ということもその時確認できた。そんな自分の料理をずっと食べていてくれた

ことに、本当に感謝している。その位、毎日毎日手探りで料理を作っていた時期だった。

ただ、まだ技術は未熟だったと思うけれど、食べた時の満足感だけはあったんじゃないか、と自負している。店をオープンする前、他のベジ系レストランに数ヵ所……いや、正直に言えば、都内のほとんどの店に一度はこっそりと足を運んだのだけれど、いつも感じていたのは、「値段が高いこと」と「味が薄いこと」、そして「量が少ないこと」だった。ベジのレストランをやるっていうのは隙間商売なわけで、そんな隙間商売の中でも、他の店と違うことをすればいいんじゃないか、と最初に考えた。だから量をちょっと多めにする、値段を安くする、そして味を濃く感じさせる。その3つをやれば、他の店と差別化できるんじゃないか、と。

ただ、差別化策のうちの一つ、こだわりを強く持って値段を安くするということはなかなかに難しかった。また、自宅では無農薬の玄米を食べていたし、オーガニックの食材を試したりはしてたけれど、オーガニックにこだわりすぎるのは、どうなんだろうとも思っていて。

誤解を恐れずに言えば、オーガニックだからおいしい野菜もあれば、おいしくない野菜もある。オーガニックじゃないけどおいしい野菜もあれば、おいしくないものもある。ただ、オーガニックの野菜って間違いなく価格が高くて、その価格が安全性につながってるっていうのは分かる。ただ、全ての食材がオーガニックだということにこだわると、流通のシステムも生産者との関係も持っていない個人では、恐ろしくコストがかかってしまうことに気付いた。

言うまでもなく、オーガニックの野菜を作っている人達の作業は大変だと思う。年単位の時間をかけて土を作ったり、害虫と闘い続けたり。天候を始めとする自然災害の被害ももちろん大きいことだろう。その労力は計り知れないものがある。しかし、自分達でオーガニック野菜を作って提供する素晴らしい店もあるけれど、その野菜を店として出すほとんどの店は、高い野菜を買い上げて、それを価格に上乗せしているだけじゃないのか、ということを考えてしまい、もう動けなくなってしまった。また自分が作らないとしても生産者と自分との関係性がちゃんとしてる様な場合――例えば現場まで行き、「こういうものを作って欲しい」と伝えたり、細かいところまで相談して生産者との信頼関係を作っている――なら、できるかもしれない。ただ冷静に考えて、オープンの時点で、自分がそれをやることは間違いなく無理だった。

こんな自分でさえも、いつかは農業に関わることになるかもしれない気持ちはあるけれど、今は料理を作ることしかできない。だから、オーガニックに関しては、本当に申しわけない気持ちでいっぱいだけど、あえてこだわることをやめた。その代わりと言えばなんだけれど、自分の店を宣伝する際に、「自然食」っていう言葉や「健康」の様な言葉は絶対に使わないでおこうと決めた。うちはただ、「肉や魚を使ってません」っていうことと「野菜はオーガニックではありません」ということ。それを必要以上に大きな声で言うことにした。けれど、いつになるかは分からないけれど、素材にちゃんとこだわれる様になりたいとは思っている。

そんな具合にオーガニックの野菜にこだわらないことで、ある程度値段を下げられた結果、ランチは900円で始めることができた。

味は濃いめに。アジアのエスニックに学んで、味のバリエーションを

他店とどう差別化していくかについては、結構考えた。そうしなくちゃ、素人料理の店が生き延びられないから、もう必死だった。ただ、なぎ食堂の味を形容する時に、よく「ベジなのにがっつり」なんて言葉で評してくれる記事が多いけれど、特にそんなに量が多いわけじゃない。また、いろんな人達に「味が濃い」と評されることに関しては、「それはちょっとだけ違うんだよ！」と心の中では思っていたりする。

「味って何だ？」と考えた時に、ほとんど「塩」が舌にどう触れるかで決まるんじゃないかと思っている。塩の量と塩の質が味蕾にどう影響を与えるかで、味の半分以上が決まってしまうんじゃないか、と。ただ、健康の為には、塩味を薄くした方がいいというのも分かる。だが、これに関しては何年もずっと調べ続けているのだけど、まだまだ全然分からないことだけらけ。何が本当なのか？　何が間違いなのか？　ただ思うのは、本当に塩をそんなに悪者にしてもいいんだろうか、ということ。もちろん、必要以上に多くの塩は要らない。でも、適切な塩の量を加えないことには、最低限「おいしい」と感じるレベルにはならない。そのバランスをどうしたらいいのかなと考えた。いや、今もずっと考え続けている。そして、同時に塩味はそのままで、どうやったら味に変化を付けることができるのかを検討してみた。それがスパイスやハー

ブを多く使う様になったきっかけ。

スパイスは風味や香りだと思っている方も多いけれど、ホールスパイスからうまく味を引き出すことができたら、それだけで味は濃くなる。なので、ハーブやビネガー（酸味）は、そのスパイスや塩の味を掛け算的に広がりを出す為にある、と思っている。だから、ハーブやスパイスを上手く使ったタイやインドネシア、そしてインドの料理をはじめとしたエスニック系は、料理の技術的に興味深い部分が多い。また、実はアジア諸国の料理は、こちらで考えなくとも、すでにベジタリアン向けの料理として完成しているものも少なくない。

例えばタイは元々仏教国ゆえに、年に一度キンジェーというベジの週間がある。この期間は肉や魚を食べないから、それに合わせたベジのタイ料理が考えられていて、いろんな面白い食材があったりする。以前タイに行った時にそれを知って、何とかこっちでもできないかといろいろと調べてみた。またインドも大多数がヒンディーゆえ、多くは肉食を禁じていたりする。それゆえに、巧みにスパイスを使った芳醇な料理が嫌というほど存在しているし、インドネシアをはじめ、ムスリム[52]が多い国であれば、ハラル食[53]かどうかを気にせずに食べられるベジ料理が結構あったりする。もちろん中華料理に関しても、普茶《ふちゃ》料理[54]という恐ろしく手の込んだ精進料理が存在しているし、台湾には素食と呼ばれる菜食料理の特別な技法がある。

日本ではベジがマクロビオティックとリンクして一般的になったこともあり、どうしても和食の精進料理的アイディアが中心になっているけれど、アジア料理全般において、すでにベジ料理は十二分に確立されていると思う。ただ、多くのベジ屋さん達は、その頃はまだエスニック系にあまり手を付けてなかった。自分は食べ物の中でもタイ料理やインドネシア料理が一番好きだったこともあるし、ズルい話だけれど、「辛み」はいろんな味をマスキングする力があるから、ちょっと味をごまかすことができるかな、という甘い考えもあった。だから、これにスパイスと酸味を加えると、さらに味にバリエーションが出て、他のお店と差別化できるんじゃないか、という読みもあった。

オープン当初からずっと考えていることだけれど、店に並ぶデリの種類が6〜8種類、今では12〜13種類位あるのだが、それらを同じ味付けで仕上げるのは絶対にやめようと決めていた。以前、とあるベジ屋でお弁当を買った時に、ちゃんとお品書きがあって、何と全12品位、惣菜が入っていた。「おぉ、これは素晴らしい！」と喜び勇んで食べてみたら、それぞれおいしいんだけれど、みんな同じ味。基本、和食の調理法。しょうゆと出汁で炊いたみたいなものばかり。いくらおいしくても、これは食べていてつまらないなぁと思って。そんな味付けのバリエーションとしても、エスニックの調理法は本当に魅力的なものだと感じていた。

なぜ、そんなに差別化にこだわったかと言えば、オープン当時、渋谷から代官山、中目黒、恵比寿にかけてベジ屋さんが10店舗以上あったから。ただ、その時に営業していた店は、今や2店舗しか残っていない。うちとナチュラルカラミティー[*55]の森俊二さんが始めたALASKA（アラスカ）位、じゃないか。ALASKAは、うちよりも3、4ヵ月早くオープンした先輩で、両店ともコンセプトは全然違うけれど、それまでのベジ屋さんとは違うノンベジの客層にアプローチしていたと思う。

ただ、当時はちょっとしたベジのブームがあったのか、ちゃんとした資本が近隣に店を出していて、店の作りも料理の技術も「素人にはとても勝てないな」と思わせるものだった。ベジは隙間商売として何とかなるかも、と思って始めたのに、それだけ店があったら勝てる気がしなかった。それゆえに差別化を考えた。その結果、「アジアの屋台料理みたいな雑多な料理」でやるのが、一番いいんじゃないかと考えたのだった。

そんな中で目をつけたのがインドネシアの料理だった。目黒にcabe（チャベ）というめちゃくちゃおいしいインドネシア料理屋さんがあるのだが、インドネシア大使館の人達が日常使いする様な場所だけに、日本人に合わせた味じゃなく、本場の味そのままの料理だった。自分は肉を食わないから、いつも無理を言って肉抜きのナシチャンプルー[*56]を作ってもらっていたけれど、これが強烈な満足感がある代物。厚揚げに野菜を詰めて揚げたタフイシとか大豆を発酵させて作ったテンペ、野菜に甘辛いピーナッツソースを付けて食べるガドガドサラダ……甘くて酸っぱくて辛くて、それでいてベジ。自分が一番求めているものが、この1枚のプレートの上に乗っていた。

タイ料理はどうしても辛さが極端にならざるを得ないから、好き嫌いが出てしまうけど、インドネシアの料理は甘辛いものが中心なので、これはいけると。ただ、そんなに簡単にインドネシア料理が作れるわけもない。自分達なりにできる範囲で、それらをまねて作ってみよう、と考えて考案したのが、うちの店でオープン当初からある「厚揚げとキノコのトマトココナッツ煮込み」というメニュー。これは作るのがもの凄く簡単。トマト缶とココナッツミルクと厚揚げと塩を煮込む、それだけ。でもおいしい。こんな簡単においしい料理ができるってことが分かり、一つ一つ、もちろん自分達なりのアレンジを加えながら、アジアの料理をヴィーガン仕様に変えていった。ただ、当時は料理一品を作るのに凄く時間がかかっていた。それがとても心配だった。

車麩のカツは出したくない!

先に書いた様に、当時、ベジ屋さんの味の傾向としては、マクロビオティック～和食のバリエーションの店が多かった。そんな中、「これは定番なんだけれど、どうなんだろう?」といつも思っていたのが車麩や高野豆腐のトンカツ風のもの。ベジゆえにメインディッシュになり得るものが作りにくいから、これらをメイン扱いにしているのだと思うのだけれど……ちょっと貧乏臭くないか、といつも思っていた。

もちろん車麩のカツ自体には罪はない。自分も家では結構、車麩や高野豆腐のカツを作ったりしていて、子どもも大好きなんだけれど、どこに行ってもある様な料理をうちの店が出したら負けの様な気がして。

車麩のカツの魔法が解けたのは、嫁さんと地方のおいしくて雰囲気がいいと評判のベジ屋さんに行った時のこと。昭和の初期に建った様な古いビルの中に、かつてそこにあった設備をうまく使って、居心地のいい、凄くお洒落な造りにしていた。そこで注文して食べて、そこのオーナーさんとゆっくり話をして、何だかとても満足した気分になって店を出た。ただ、外に出た瞬間に嫁さんが、こう聞いてきた。

「なぁ、おいしかった？」

「うん、おいしかったんじゃないかな？」

「いやぁ、ふつうの車麩のカツやん？　料理自体はまぁまぁやと思うで」

と指摘されて。

考えてみたら、「確かになぁ」と。まずくはない、いや、どちらかと言えば結構おいしい。でも、料理自体はよくベジ屋さんで出る様な料理。ただ、その素晴らしい内装やオーナーさんのいい感じの空気感とかに完全にやられて、料理も特別なものと勘違いしてしまったのだった。

当たり前だけど、料理って味だけじゃなくって、提供する場所、その雰囲気までが大きな要素になっているんだと思ったもの。店全体の雰囲気で、その満足感までが違ってくるんだなって。ただ逆に、自分達の店を鑑みた時、店自体にほぼ手をかけてない喫茶店の居抜きなわけだから、料理にある程度のインパクトを与えないことには、洒落た店には永遠に勝てないなと再確認した。だから、そのいい雰囲気の店での車麩のカツはおいしいけれど、自分達が車麩のカツを出してしまったら、もう、ホントにつまんない店！　だから、そこにはきっちりと太い線を引こうと決めたのだった。

ソイミート、アボカド……ベジ屋の得意素材の使い方を模索

オープンまでの数ヵ月の間、メニューの試作をたくさん試みたけれど、失敗作もたくさんあった。自分の得意メニューではカレーうどんやパスタがあったけれど、それらはこの店では作れないことも判明。店でライヴができないと決まった後は、自分の中で狂った様に勉強し、料理をトライ&エラーし続けた記憶がある。「何とかやらなあかん、やらな家族が路頭に迷う」と。今まで料理にそれほど一生懸命になったのは、その短い時期じゃないかと思っている。そんな中、「ノンベジの人が楽しめるメニュー」を考えた時に、「ソイミート」*57と「アボカド」、この二つの食材がオープン時の僕の背中を押してくれた様に思う。

ソイミートに関しては、これもまたベジ屋の定番ゆえに、車麩と同様、「使うべきか使わないでいるべきか」を悩んだ。また、ベジになって数年、嫌という位ソイミートを食べ続けて、店を始める段階では飽きていたのも事実。ただ、ベジ屋を始めるに際して「これは、確実にノンベジの人が喜ぶだろうな」という確信があり、メインのメニューとして採用することにした。

ただ、ソイミートを戻したものをそのまま使うと、大豆の生臭い匂いがするし、食感もどこか中途半端。それゆえに、最終的にどう調理するかはともかく、使用に際してはまず、一度揚げてから料理する、ということを課した。また、一般的に味付けは、しょうゆ味や甘酢みたいなものが多いのだけれど、タイに行った時に買ってきたタイレシピに、スウィートチリソース[*58]で食べるものがあったので、オリジナルのスウィートチリソースを作り、ソイミートに和える、という形をレギュラーにした。メインになりうるソイミートをエスニック風味で食べるというアイディアがその後、付け合せ的なデリの味に広がっていった気はする。

また、野菜で言えば、自分がベジになりたての頃、アボカドにとてもお世話になった。野菜の欠点（というわけではないが）って、油分が少ないことだと思うけれど、アボカドは「森のバター」と呼ばれる通り、他の食材にない満足感を味わうことができる。アボカドは、もちろん生で食べることが多いのだけれど、揚げたり粉を付けて焼いたり、マリネにしたりとさまざまな調理で楽しめる。新しいレシピ本（『野菜角打ち～なぎ食堂のベジタブルおつまみ』）にも掲載している「アボカドの天丼」というメニューがあるのだけれど、このメニューはベジになりたての頃、たまたま居酒屋みたいなそば屋さんに入ったら、せいろに小さなアボカド天丼が付いてきたのがきっかけ。アボカドをフリッターっぽくカリッと天ぷらにして、わさびじょうゆを回しかけて食べるのだけれど、それがむちゃくちゃうまくて。アボカドって熱を通すとチーズみたいにトロっと溶けていい舌触りになる。一時期、毎日作って食べていた。

生でよし、焼いてよし、揚げてよしのアボカド。それゆえに、オープン当初はアボカドには結構頼っていた。一番よく作っていたのは、「アボカドとトマトの豆腐マヨネーズ和え」。毎日やっていたし、今でも時々デリで作ると結構人気がある。豆腐マヨネーズとは、豆腐と酢、オリーブオイル、塩（時々白みそ）をハンディーミキサーで撹拌しただけのマヨネーズソース。これを、さいの目に切ったアボカドとトマトに和えるだけ。酸味、うま味、脂肪分がうまく混ざりあって、結構コクがあり、とにかくうまい。ただ、しばらく置いておくと、アボカドが酸化して、黒くなってしまうことがある。アボカドの質にもよるのだけれど。ショーケースの中に作り置きできないのが難点で。オーダーが入ったらアボカドをカットして豆腐マヨネーズをかけるやり方もあるのだけれど、ちょっと味わいが違う。オープンからしばらくはアボカドに頼っていたのだけれど、その後、どんどん他の食材に追いやられることになった。

結果、そんな試行錯誤で、オープンのタイミングには、15種類位の定番デリメニューを何とかひねり出した。それらをどう回転させるかがそれ以降の課題だった。また、当時入ってもらったスタッフの技術では作れないものも多くて、ただただ無我夢中で作り続けた記憶がある。

おいしさ、そして調理のスピードアップ～野菜を揚げることの効用

アボカドの天ぷらを作った時に気付いたことがある。アボカドに火を通すことで、味わいも変わり、より味が深くなる様に思えたのだ。また、なすも揚げなすや焼きなすに、しょうがじょうゆをかけて食べるのが大好きだった。あの、なすの中がトロっとする感じが凄く好きだった。

そこでふと、野菜料理においては「揚げる」ということはかなり重要な調理法なのではないかと考えた。アボカドみたいな木の実や豆、穀物にはたくさん脂質は含まれているが、一般的な野菜には脂質はあまり含まれていない。その頃、「人間って本能で糖と塩分と脂質が適度に与えられれば、脳が満足しておいしいと感じるんじゃないか」と思い始めていて。たぶん、「糖と塩分、脂質があると死なない」ってところからきていると思うんだけれど、とにかく脂質をどの様に摂るかがおいしく感じることにつながっていくんじゃないか、と感じていた。

例えば中華料理で、一度野菜を素揚げしてから炒めたりする技法がある。表面はカリッと、中はとろっとするあの感じがとてもよくて。単に野菜に火が通るというだけじゃなく、油によって表面をコーティングすることによって、肉や魚的な満足度を野菜に加えることができる。例えば、肉じゃがを作る時でも、じゃがいもを茹でたり蒸かすんじゃなくて、一度素揚げしてから調理すると、おいしく手早くできるという作り方がある。そんな調理法を試してみて、野菜、

特に根菜は、一回油で揚げてから炒めたり、浸したりする様にした。

またそれは、味の為だけでなく、当店の厨房の限界を広げる為でもある。ガスコンロは二口（プラス小さいの一口）あるけれど、日常的にソイミートのから揚げを出さなくちゃならないので、油の鍋用にコンロの口が一つ塞がってしまう。時折、揚げ物用の鍋を別の場所に移すこともあるけれど、基本、調理にはわずか一口しか使えない。それを考えると、揚げ物用の鍋をうまく生かさなければならない。それゆえに、揚げ物用の鍋で野菜をカリっと揚げて、揚げたものを中華鍋でざっと和える位の気持ちで調理すると、スピードが一気に上がることに気が付いた。にんじんの様な根菜は、フライパンで炒めると2～3分はかかるけど、一度素揚げすると、30秒ほどで炒め合え工程に向かえる。

一般的なベジ屋さんでは鉄板とも言えるポテトサラダは、当店でももちろんいくつかレシピがあるのだけれど、これまでデリとしてなかなか出してこなかった。その理由は、実際に作るとなると手間がかかるから。蒸かして皮むいて、マッシュしてっていうだけで30分位かかる。だから、あえてポテトサラダを出すことは諦めて、ジャガイモを高温でザッと揚げたものをスパイスで炒めたり、しそとみそで和えたりといった、そういう調理法をどんどん進めていった。

また、この手の調理法は、他のベジ屋さんがあまりしたがらないことも知っていた。多くのベジ屋さんは健康志向ゆえに、あまり素材を油で揚げようとしない。たぶん茹でたり蒸したり、時間をかけて炒めたりして調理をすることがスタンダード。でも自分達はアニマルライツが基本ゆえ、健康志向がない。「野菜を食べて健康になろう！」という発想が、申しわけないけれど全くと言っていいほどない。意味合い的には精進料理っぽい要素はあるかもしれないけれど。

　精進料理と言えば、思い出すことがある。嫁さんの実家が京都の宇治なのだが、そこから歩いて行ける場所に黄檗宗《おうばくしゅう》*59の黄檗山萬福寺《おうばくざんまんぷくじ》*60がある。そこは、中国の精進料理でもある普茶《ふちゃ》料理の始祖。普茶《ふちゃ》料理を食べられる料亭があり、店を始める一年ほど前に行ったことがある。その時、技術的には難しいだろうけれど、いつかこんな料理が作れる様になりたいと感じたし、たぶんこれがベジ料理の最高峰なんじゃないかな、と思った。

　まず技術が凄い。野菜を一度おいしく炊いたのを、戻して味を含ませた湯葉で巻き、それをまた揚げ、あんに絡めたりする。ほとんどの料理において、調理のプロセスが三段階から四段階あったりする。ここでも「揚げ」のプロセスはかなり重要で、実際やや脂っこいので、量は一品少しずつしかなくて点心ぽい感じもある。これを口にした時に、「あぁ、油をこんなに使ってもいいんだ！」と思った。

　また、福井にある永平寺《えいへいじ》の精進料理も、できもしないけれど参考にした。あれは、例えばごまを何時間も丁寧に擦ってごま豆腐を作る、という様に手間をかけて作ること自体が修行の一つ。作ってみると、確かにメチャクチャおいしいんだけれど、こちらも手間がかかり過ぎて自分の店ではやっぱり出せない。ただ、その満足度っていうのが何かと考えるに、手間ひまをかけているところと、ごまも含めての油の使い方なんじゃないかな、と。もちろん、手間ひまかけることは自分達には簡単にはまねできないけれど、油に関しては、いろいろ試すことはできるかもしれない。そう思ったことが、野菜の調理に油をいろいろ試してみよう、と思ったきっかけの一つだったのかもしれない、と今になってみて思う。

油と薬味でよりおいしく

だから、というわけじゃないけれど、油はとても好き。オープン当初は、ふつうのキャノーラ油を使っていたのだけれど、揚げ物の匂いが付きやすいというクレームがスタッフさんから出て、ひまわり油に。それでもやっぱり揚げ物の匂いはどうしても付く。自分も子ども達にいつも「なぎ食堂の匂いがする」と言って逃げられる。

今、基本の揚げ油としてひまわり油、西洋風ならヴァージンオリーブオイル、中華〜アジア風ならごま油、和食ではひまわり油程度使い分けている。本当ならもっといろんなものを使いたいが、価格が気になりたっぷり使えない。この先、ココナッツオイルを使いたいと思いつつ。

スパイスや薬味は、油で熱されることによってようやく味が出てくるわけで、油でテンパリング（低温で加熱する）しないとスパイスの「味」が全くしない。だから使わざるを得ない。

もちろん、にんにくやしょうが、ねぎなどの薬味も同様に、油との組み合わせで、匂いだけ出したり、味まで引き出したりする。

今まで料理で感動までしたことはなかなかないのだけれど、ブータン料理でのエマダツィ[*61]という料理には心底感動した。ニンニクとブータン産の大きな唐辛子、ヤギのチーズ、あとは塩だけで作られているらしいのだが、唐辛子とニンニクから風味だけでなく、しっかりうま味が引き出されている感じがして。たぶん丁寧に炒めて味を引き出していると思うんだけれど、薬味だけでちゃんとうま味が生まれるんだ、ということをその時に知った。

ただ、仏教思想から来る三《さん》厭《えん》五《ご》葷《くん》という考え方がある。「三厭」は獣の肉、鳥の肉、魚を食べないという菜食を意味して、「五葷」は、野菜の中でも、ねぎ、あさつき、にんにく、にら、らっきょうを食べないというベジタリアンのこと。いろんな理由がある様だけれど、簡単に言えば、精が付き過ぎるゆえに煩悩が増えちゃうということらしい。今でも、時折お客さんから、

「五葷なんですけれど、対応できますか?」

と言われる。その時の為に最低限3、4品ほどは五葷対応の料理を用意していたりはしている。

ただ、やっぱり五葷で禁じられている食材を入れれば、劇的においしくなるっていうこともあって、ふつうのベジ屋以上にガンガンに使っているのも事実。また、うちは逆に精力を付けて欲しいっていう気持ちもあるし。スパイスやハーブ、薬味等々は、決して添え物ではなく、当店では料理の中心になる様な、そんな存在だとずっと思っている。

定番を作らない？　アヴァンギャルドなベジ屋

オープン当初は、昼の12時にオープンして、夕方18時には閉店。半年ほどは夜の営業はしていなかった。閉店後はもちろん暇だったので、次の日の仕込みをしたり、メニューの試作をすることに時間をあてていた。当初のメニューは、いわゆる「本日のプレート」みたいな感じで、3品選べる惣菜プレート1種類だけでやっていたんだけれど、その選ぶべきデリが6、7種類しか用意できていなくて。お客さんがきても、思ったより選べない感じがとても心苦しかった。でも、当初はその程度のことをやるのに精いっぱいだった。ショーケースの中には、8品ほど並べられるんだけど、それが全て埋まらなくて。ショーケースを見ただけで「おいしそう！」って言われたい一心で、ただただ新しいメニューを考えていた。

もちろんショーケースにデリは並ぶんだけれど、毎日デリの品書きをプリントアウトし、メニューとして使っていた。それが一つずつ増えていくのがとにかく楽しかった。そして、ある頃からお客さんに「これだけあったら選びきれない！」と言われる様になった。その時のうれしさと言ったら！　また、毎日きてくれる人もいて、その人達に楽しんでもらう為に、デリの内容を毎日半分以上は今まで出したことがない料理に入れ替えてみたい、と思った。ある時、たぶん週に1、2回きてくれる女性と思しき人がTwitterで、

「この店はとにかく作ってる人が新メニューを楽しそうに作ってるのが分かるのがいい」

との書き込みを見つけたことがあり、その時は一人で小さくガッツポーズをしたものだ。

これは素人考えなのだろうけれど、なぜほとんどの料理店は、毎日同じメニューで飽きないのだろうか。一つの味にこだわる職人の様なものなんだろうなぁ、と理解はできるものの、自分はたぶん飽きてしまうだろうな、と。言ってしまえば雑誌を作ってる感覚と、一冊のいい本を作る、っていう感じなのか、とも思うのだけれど。自分は、やっぱり雑誌みたいな感覚で、その日その日にある安くて面白そうな野菜を使って、毎月毎月違う内容で勝負してみたいっていう気持ちがあるのかもしれない。ただ、お客さんにとっては、「前食べたあれ、おいしかったからまた食べたい」と思う人は絶対いるだろう。ただ、いわゆる「定番メニュー」を作ることなくやっていけないか、というのは、この店を始めた頃からの目標だったりする。

今年（2016年）に始めた武蔵小山の新しい店は、その辺り、静かにもっと攻めていて、自分がデリを作る時は、今まで考えたことがない、実験的なものを毎日一品は入れようと決めている。もはや、失敗することも前提で。失敗したら出さなかったらいいのだから。毎日店には立ちたいと思うけれど、毎日違うことをしていたい。それがお客さんへのサービスだと思ってやっているんだけど。お客さんの方はどうなんだろうか？

かえる目の細馬宏通さんが以前面白いことを言っていた。かえる目は、メンバーの住んでる場所が点在してることもあり、ライヴは年に東京1～2回、関西で1回あったらいい位なんだけれど、ライヴのたびに曲がほぼほぼ変わってしまう。それも、簡単なデモだけ聴かせておいて、細馬さんが彦根から東京へ出てくる新幹線の中で譜面を書いて、東京に着いたらメンバーにコピーした譜面を渡す。メンバーは皆、とてつもなくうまいから、サウンドチェックの時に1回合わせて、あとは本番で新曲がサラリと演奏できてしまう。ただ、ファンの人にしたら、「あのCDに入っているあのいい曲を聴きたい！」っていう気持ちが必ずあるはずなんだけど、知らぬ存ぜぬで新しい曲ばっかりやる。「何でやってくれないんだろうな？」と思ってるお客さんに対して、細馬さんがぽつりと一言言った。

「だって、知らない曲聞いた方がお得だし、楽しいでしょ」

ライヴに音楽を聴きにくる人っていろんな人がいると思うけれど、やっぱりヒット曲のイントロで「うぉー」って手が上がる様な楽しみもある。ポップミュージックの楽しみ方の一つがそこにあるのは、嫌というほど理解できる。ただ、アヴァンギャルドな音楽の場合、毎回異なること、常に実験性だったり、先鋭性だったりを打ち出して、聴き手に驚きを与えることが面白さの一つ。そういう意味では、かえる目はポップスバンドではないかもしれないし、うちの店はアヴァンギャルドな側面を持った飲食店なのかもしれないな、と思っている。

ただ、うちの店のデリや料理が毎日かなり違っているのには、もう一つ大きな理由がある。

野菜には旬があって、その時期はおいしいだけじゃなくて、価格的に安い時期でもあるということ。ハウス栽培で作っている野菜は、石油代が加えられているわけだから倍ほど値段が違うのは当たり前。だから、旬のものを使うということは、安くおいしく料理を作ることができるということ。毎回八百屋に行き、とりあえず一番安いものを買ってきて、それで「さぁ、これで何を作ろうか？」と考えるわけで、どうしてもメニューが変わらざるを得ない。まぁ、それもそうやって考えるのが楽しいからだったりして、正直、経済効果とか、本当はあんまり考えてない。ちょっといい格好してみましたとさ。

おっさんが一人で入れるベジ屋にするには？

元々、夜は飲み屋として営業したいな、という考えがあったんだけれど、それはなかなか難しいかもな、と思ったのには理由がある。自分は京都でのバイト時代、水商売歴は長かったし、酒が好きで好きで仕方なかったので、外に酒を飲みにいくことも多かったから、ある程度個人店舗の「飲み屋」の売りが何かは知っているつもり。もちろん、店の雰囲気や酒の味も大きいけれど、何よりもスタッフの個性こそが一番の商品なんだという信条があった。そして何よりも、店主が魅力的で面白いというのが重要。酒を飲みに行く時、お客さんは、その店の店主に会いに店にきて、酒よりもそのちょっとした会話や空気にお金を払うものだ、と。自分の中でも、あの店のマスターは素晴らしかった、この店長も魅力的だったたっていう思い出がいくつもあって。だから、人をひき付ける魅力のある人間が自分を売りにした店をやるのはいいけれども、自分はそういうタイプの人間ではないとはっきり理解していた。マスターの近くにいて、「それ、ちゃいますよ!」と、突っ込みを入れるタイプであって、自分が一人立っていたらいろんな人が集まってくる人間ではないというのは、50年近くも生きてくれれば分かること。

ただ、「犬は人に付き、ネコは家に付く」と言われる様に、犬タイプのお客さんは集められないけれど、ネコタイプというか、「店自体」にお客さんを付けることはできるだろうとは、ずっと思っていた。だからこそ、お客さん達が、店自体の空気を気に入ってくれる様にしないと潰れるぞ、とも。とにかく、なぎ食堂を「小田の店」ではなく、店主も含めて、何かしらの匿名性が魅力に見えてくる方法を、今もずっと探っている。余談だが、今回この書籍を作るに際しても、最初ずっと個人の思いやプライベートな話をしたり、書いたりすることを断り続けていたのだが、その理由の一つは、そんな「こんな店主の顔や考えが見えちゃったら営業妨害や!」と思っているからだったりしている。

また、お客さんとの関係性に関しては、今でもいろんなことを考え続けている。オープン当初、自分が毎日毎晩店に入っていた頃、必要以上にお客さんと仲よくならず、最低限の距離感だけは作っておこうと考えていた。もちろんそれでも仲よくなる人はいるけれど、必要以上にお客さんとコミュニケーションを取るのは危険じゃないかな、と思っていて。個人経営規模の店は店のスタッフとお客さんがコミュニティー化しやすいと思う。特にベジの様に何かしらの専門店って、小さなコミュニティーを作ることによってようやく成立するというのも理解できる。しかし、小さなコミュニティーができて店が常連さんばかりになってしまうと初めて入ってみようかなと思ってくれたお客さんにとっては居心地の悪い場所になるのではないか、と。

あるタイプの人達が集まるよりも、雑多な人達が、雑多な感じで、ふと思い出した時に行きたくなる店っていうのが一番いい。常連さんも一見さんも同じ様に対応して、同じ様にコミュニケーションする。何より、自分も飲食店と自分の関係が、「こんにちは、お元気ですか?」位の会話だけで、あとは放っておいてくれるのが一番好きだから、あえてその位の距離感で自分もお客さんと向き合って行きたいな、と思っていたりする。

また、うれしかったのが、この様なベジ屋にも関わらず、男性のお客さんがかなり多い、ということ。店長の自分も男だし、スタッフにも男が多いってことも理由だと思うけれど、どうしてもベジ屋ってスタッフもお客さんも女性中心な場合が多い。何がきっかけになったのかは分からない、ただ、男性も「ここは自分がきてもいい場所なんだよな」と思ってくれる様な雰囲気が作れたってことは、思ったことが実現しつつあるんだ、と思ったり。

店を始めて半年位の頃から、一人でくるおっさん……いや、全てがおっさんじゃなくて、結構洒落た男性もいるのだけれど、ふつうはベジ屋にきそうもない50代、60代の男性が一人できてくれる。おっさんはほぼ一人できて、パッと食べて、パッと帰っていく。あれ、おいしくなかったのかなって思い、下がってきた皿を見ると大抵の場合、皿をなめたのかと思うほどきれいに食べてくれている。奥さんに「最近カロリー高めだから、もう少し体にいいもの食べた方がいいわよ」とか言われてるのか、「ジャンクなものを食べるのは避けてね」と言われてるのか？

ただそういう人達が外でごはんを食べに行く時、いかにも女性向けのベジカフェには入りにくい。それはベジ屋をやってる自分でさえそうだから、その気持ちはよく分かる。

店の性質上、女性が多い店だったけれど、オープンから1年位経った頃には、男女比がほぼ半々になった。ベジ屋ではほぼあり得ないことだから本当にうれしいし、そんなおっさん達に喜んでもらえそうなメニューを、これからもどんどん考えていきたいと思っている。

素人ができるベストな料理とは？　背中を押してくれたオオヤ君

オープン前、他のドリンクはともかく、とにかくおいしいコーヒーを出したいという気持ちがあった。お店にこられたお客さんが、その味に期待もしていなかったんだけれど、たまたま飲んでみたら、「あれ、ここのコーヒー、何かうまいやん！」となる、そんな意外性で喜んでもらえるのが夢だった。それでコーヒー豆をどうしようかと悩み、昔からの友人であり、その焙煎の味も大好きだったオオヤコーヒ焙煎所*62のオオヤミノル君に、彼のホームグラウンド、京都まで行って相談してみた。

今やコーヒー伝道師の様な動きで知られている彼だけれど、京都に住んでいた頃から少し知り合いで、彼がやっていたバンド、ＯＫミュージックボールを東京にきてからもちょっと応援したりしていたこともあって、ずっとその動向が気になっていた。歳も近いし、オオヤ君がずっと気にしていた諸先輩が、自分にとっても心の師匠的な気持ちでいる京都のバンヒロシさんだったり、六曜社のオクノ修さんだったりという様に、自分に近いものをずっと感じていた。

店をオープンする際に、オクノ修さんが焙煎していたコーヒー豆を使いたいと思っていた。ただ、ちょうどその頃、修さんが少し体を壊していた時期で、あまり多くの量の焙煎ができなくなっていたこともあり、オオヤ君にはっきりと相談してみた。

「俺、コーヒーは好きで毎日淹れているけれど、店で出すには素人だから、毎日同じ味を出す自信がないんよ」

と本音をぶつけてみると、オオヤ君は、

「そんなもん、簡単にできるわけないやん！」

と。なぜなら、豆自体がいつも同じ味のわけはないし、違う場所から仕入れてるし、焙煎で同じ味に仕上げたいと思うけども、それはなかなか難しい。「それぞれの素材自体の味を活かして、できる限りおいしく淹れたらええんちゃうんか?」と、逆に言われて。「確かにそうやな、ええこと言うな」って思ったもの。だから、修業してない人間は、「できないなりに一番いい形でコーヒーを提供できるやり方を考えた方がええな」と思う様になって、大分気が楽になった。それからずっと、うちの店ではオオヤ君と彼が関わってるKAFE工船のコーヒー豆を使わせてもらっている。

また、オオヤ君の言葉を聞いて、コーヒーだけじゃなくて、デリのメニューでも、素材や料理人が違うんだから、それを無理して平均化していくよりも、多少味が変わってもいいから、「とにかくおいしいものができれば、それでいいんじゃないのか?」と思う様になった。もしかして飲食店としては、やり方を間違えているのかもしれないけれど、うちの店はそういう店です、ということでずっとやってきている。

＊52：「神に帰依する者」を意味するアラビア語。イスラム教の教徒のことを指す。
＊53：イスラム教の教義に則って食べることが許された食事のこと。
＊54：江戸時代初期に中国から日本へ伝来した精進料理。葛と植物油を豊富に使った濃厚な味と取り分ける形式が特徴。
＊55：森俊二と杉本邦人から成る音楽ユニット。1998年に杉本が脱退、現在は森のソロプロジェクトとなっている。
＊56：インドネシアおよび周辺のマレーシア、シンガポール等で見られる、ごはんを盛った皿におかずを乗せる形の食事

とその名称。
＊57：大豆たんぱく質、小麦グルテンなどの穀物を原料として、肉を模して作られたもの。大豆ミート、大豆肉。
＊58：タイ料理やベトナム料理で用いられるソース。唐辛子、砂糖、酢、にんにく、塩などから作られ、辛みと甘みの利いた味が特徴。
＊59：臨済宗、曹洞宗に次ぐ、日本の三禅宗のうちの一つ。名称の由来は、唐の僧侶、黄檗希運《おうばくきうん》の名。
＊60：京都府宇治市にある黄檗宗大本山の寺院。中国は明出身の僧侶、隠元によって開創された。
＊61：唐辛子（エマ）とチーズ（ダツィ）を用いたブータンの料理。
＊62：焙煎家、オオヤミノル氏が京都・美山で営むコーヒー豆の焙煎所。

第六章　広がっていった店の評判とその反面でのトラブル

オープン直後、『BRUTUS』で紹介される！

オープンして間もなく、雑誌『BRUTUS』の「食堂特集号」に見開き2ページで掲載されたことがあった。それがうちの店　のスタートダッシュを支えてくれた位、反響が大きかった。あれがなかったら、結構大変だったろうなぁ、と今考えるとゾッとするほど。

話を聞いて、さすが人気雑誌は違うな、と本気で思ったのは、掲載の3ヵ月位前から食堂特集をやることだけは決まっていて、いろんな店をくまなくリサーチしてたということ。その時に取材を決めてくれた副編集長が、「ベジの食堂やります」という自分のブログをたまたま見つけたらしい。ベジタリアンの食堂で、なおかつ音楽関係者が店を始めるということで、オープン前から気にしてくれていたそう。その後、オープンしてすぐに、名刺も何も持たずに食べにきて「この味だったら掲載しても大丈夫」と考えて、次にきてくれた時に名刺を頂いた。「こういう企画があって、取材をしたいんだけどどうですか」と。話としては渡りに船だけれど、それ以上に、お店取材の為にずっと前からチェックしてくれたり、取材するかどうかを決める為に数度足を運んでくれていたことに感動して。取材にきてくれたライター氏も2回ご来店。結局、取材を含めて関係者が4回以上きてくれている。やっぱり大手はすごいな、と。

ちゃんと食べてくれて、味も含めて紹介してくれたことで、内容もお客さんが誤解することなく増えた。オープン当初、あまりのバタバタで宣伝自体何もしていなくて、ビラ配りもポスティングもなし。年末にオープンしたこともあって、正月明け頃まではお試し期間の様な気持ちでいたのが、この掲載で活気付いたことによって、いきなり背筋をしゃんとさせられた様な気がした。実際それ位、この効果は大きかった。

店取材のトラブル　その①　紹介してくれるのはうれしいのだが

自分もフリーのライターの仕事をしていた時に、食べ物屋の取材をしたことがあるから、お店取材が凄く大変なのはよく分かる。食事経費は依頼した会社が払ってくれるにしても、カメラマンの都合もあわせてアポ取りをして、企画書を渡して……っていう煩雑なプロセスを踏まえてようやく取材。しかも1日3～4軒とかそれ以上回るなんてざらだし。グルメ専門誌だったらともかく、単に情報誌とかのお店紹介の記事だと、わざわざ取材して文字数は、100～150字位じゃ何も書けない。そんな、取材する人の気持ちは凄く分かる。『BRUTUS』みたいに力入れて丁寧にできないっていうのも。いや、分かるんだけれど、あまりにひどい人達が多過ぎる。『BRUTUS』の後で『ELLE a table』のネット媒体でも丁寧な取材を受けて記事にして頂いたこともあって、小さいけれど話題になったのかもしれない。ただ、それらを見て、「取材したい」という依頼が一気に増えたのだった。取材するのがフリーのライターの方の場合、取材にも慣れてるし、スタティックにちゃんとやってくれる。もちろん内容的には特に面白くはないものも多いけれど、それで十分。でも、今は出版社自体、経費がなくなってきて、編集者やライターの様な出版経験者ではなく、広告代理店の営業の方が片手間で作っているメディアの様なものが多々ある。それらが本当にたちが悪い。

わざわざ電話を頂いて、「取材いいですか?」と聞かれると、どんなものでも基本は了承していた。ただ、こちらは昼間から夜まで店を閉めずに営業しているから、なるべく空いている時間帯か閉店後にきて欲しいこと、そしてお客様に迷惑になる様なことだけはしないでください、とお願いするのだけれど、約束と全然違う時間に「予定が空いたので早めにきました」とサラッと言ってのける。それでお客さんがいる前でバシャバシャ写真を撮ったり、時にはお客様が写り込んでいたりもする。もっとどうしようもないのが、写真用に料理を作って出しても、それを食べることなく帰っていってしまったりすること。しかも、こちらが言うまで料金すら払わない。それで献本もナシ……もうひどいなぁと思って。

たぶん、広告代理店の方や雑誌社の方は、「宣伝してあげてる」という気持ちなんだろう。本来だったら、掲載料も含めて(店側が)支払うのが当然なのに、あえて無料でやってあげてるんだから、それ位のことは……って気持ちなのだろう。ただ、こちらは取材して欲しいと頼んだことは本当に一度もない。実際、メディアに取材されるよりも、口コミで広がっていくことの方が望ましいと思っている。

具体的に書くには、はばかられる様な、とんでもない話が次から次に起こってきて、取材を受けることに関してどんどん慎重になっていった。それゆえに今は取材の依頼がきた際、まず「お手数ですが企画書をください。こちらで検討させて頂きます」とお願いする様にしている。いまだに企画書もなくメールで「○○ですが、おすすめの料理の写真と外観の写真だけ送ってもらえませんか？　こちらの方に掲載したいので」なんていう依頼もある。そういうところには、もう直接電話をかけて、

「もう二度と連絡してこないでください」

と言う様にしている。

「取材拒否の店」とか「頑固おやじの店」が、元々はそんなに頑固だったわけでも、取材に対して敏感になったわけでもなくて、いろんな面倒な人達から話を持ち込まれて嫌な思いをし続けて、その結果必要以上に頑なになっちゃったんじゃなかろうか、とふと思う。

店取材のトラブル　その②　非常識なメディアの行動に激怒&呆れる

ベジタリアンの専門誌はベジタリアンレストランの理解者である、という思い込みは大間違いだ。自分達がベジのコミュニティーに入ることをあまりよしとしていなかったゆえに、当初から意図的に関わらない様にしていた『Veggy』という雑誌がある。そこの編集部には知り合いもいるけれど、基本タイアップベースでやっておられることもあって、うちの店は全く関係ないから、と距離を置いていた。

店が渋谷ということもあって、ある時期、一応存在は確認していたインカレ系ベジサークルの女子大生が、うちの店で打ち合わせをすることもあった。ただ、そのサークルから、どういう企画か具体的な説明もないまま、いきなり「ベジ関係のアンケートにお答えください」というメールがきた。答えることが前提みたいなアンケートだったので、これはちょっと待て、と。

「君達がやっていることは、君達自身にとっては大事なことかもしれないけど、説明もしないでいきなり協力しろとか言ってくるのはおかしいよ」

と伝えた。すると、

「某社からベジレストランのガイドブックを出すことになりまして、それでアンケート／取材をさせて頂きたいと思って」

「それだったら、もっときちんと企画書を出して説明しなくちゃいけないし、出版社の方からちゃんと連絡してくるべきだよ」

と伝えると、彼女達はその旨を理解してくれたのか、丁寧にお詫びをしてくれた。しかし、その時に出版社の方からお詫びどころか、何一つ連絡がなかった。

その後、そのガイドブックの話はなぜか立ち消える。まぁ、どんなジャンルにせよ、ガイドブックというものはとにかく大変だ。山ほどの情報量を丁寧に処理して、かつそれが正確でない場合、あとでクレームがくるし、その責任を取らなくちゃならなかったりする。それが店舗であれば、全てに対して取材許可／掲載許可を取り、校正して、送って、また校正して……という、途方もない作業が待っている。それゆえに、出版社も自力で作るのではなく、この様な出版素人のインカレサークルに委任する形でコストを下げようとしていたのだろう。ただ、物理的にできないことが分かって頓挫したのではないかと推測する。

ただ、それから数年後、突然マクロビマウスと名乗るブロガーから、

「日本全国のベジカフェをまとめた本を出版しました。その中で貴店も紹介させて頂きました」

というメールがきた。こちらは取材を受けた記憶もないのに、おかしいな、と思い、

「何も連絡はありません。また、この様な本が出ることは全く聞いておりません」

とレスをした。

そのブログは以前から知っていて、うちがそれに掲載されているということは知っていた。ただ、写真をバシャバシャ撮って、特に店の人間に断りを入れるわけでもないので、ブログ内容にもあまりにも間違いが多くて。でも、お客さまとしてご来店頂いて金を払い、ブログに載せるだけだから、こちらが文句言うことじゃないとも思い、何も言わないでいた。ただ、それ

を書籍化となると話は別。個人ではなく版社が絡んで金銭も動くわけだから、ちゃんと正確にしてもらわなければ困る。しかもそこで書かれていることは、間違いだらけだから。

その販社にいる友人の編集者に調べてもらいつつ、自分の記憶の糸を辿ってみたら、校正依頼がきていたけれど、自分が掲載自体を拒否していたことを思い出した。その原稿の内容があまりにひどかったから、電話で「頼むからもう載せんでくれ！」とスタッフに伝えてもらったのだった。それきり連絡もなかったのが、営業時間も価格も間違ったまま掲載されてしまった、というのがその顛末。

その少し後、なぎ食堂で数年働いていて、蒲田に「Phono Kafe」という小さくて素晴らしいベジ屋を出店した大原さんからも、「こういう連絡きました？」と、その本に関して質問を受けた。彼女のところには、文章も送られてきたんだけど、それもが間違いだらけだったがゆえに、丁寧に校正して戻したそう。しかし、でき上がった本を立ち読みしたら、何一つ校正が反映されていなかったという。

結論から言えば、この出版社でマクロビマウスさんとの間に入っていた編集者が連続でやめた上に、その引き継ぎが全く行なわれず、情報の正誤も不明なまま、こんな本になったらしい。「それだったら出版停止にしなよ」と告げ、もう完全にその出版社とは縁を切った。ただ、いまだにその最低なガイドブックはしれっとした顔で販売を続けている。

この10年の間、誰でも簡単に情報を発信できる様になったことによって、変わってきたことはたくさんある。ブログやＳＮＳの掲載で適当なことを書かれることに対しては、少しピリピリしてた時期もあったけれど、今はもう、他のお客さまに迷惑さえかけなければ、好きにしてくれればいい、という感じ。

オープンしてすぐ位の時、一眼レフのカメラで写真を撮っているお客さんがいた。背中が他のお客さんに椅子にぶつかっていたので、

「やめてください」

と制止しても、

「ブログが……ブログに……」

と、うわ言を言っている様な感じでやめようともしなくて。もう、馬鹿かと。写真を撮るのは勝手だけれど、そんな一眼レフで撮る様なレベルの料理じゃないよって。

ただ、こちらとしては、やはりまずは熱々を食べて欲しくて作ってるので、ともかく食ってくれと。時々ブログとかで「ほとんど食べた後ですけど……」とか食べかけの写真をアップしてる人がいるけど、ああいうのは凄く好き。しかし、最近はもう、イライラしなくなった。

「料理の写真撮っていいですか？」

って聞かれても、ニッコリ笑って

「どうぞどうぞ」

と言える。ただ、心の中では「早く食っちゃって、食っちゃって！」と思っているのだけれど。

食べログ等ネットメディアとの付き合い方

食べログは、とにかくクソだと思っている。食べログの評価は、最初の2年位、必要以上に高かったらしい。日本の5000店の中に入りました、とステッカーみたいなの送ってきたり。ただ、そのことをずっと知らなくて、ある日、SNSでそういうことを書いてる人がいて、ようやくチェックして驚いた。ただ、一度気付くと気になるもので、その後、週に一度位の頻度でチェックしたり、あのサイトでの点数の動きを何となく意識する様になった。

結局、あの点数がどういうアルゴリズムによって決まるのか分からないことが大きな問題だと思う。よく覚えているのが、食べログ関連の広告代理店から直接電話で連絡があった時のこと。広告を入れると検索された場合、上の方に出てくるというサービスを提案された。企業はどこかで利益を出さなくちゃならないから、そういうやり方はいいと思うんだけれど、うちは意識的に「広告」は打たないことにしている。友達のフリーペーパーや雑誌に、支援する意味で1000円とかお小遣い程度の広告は入れたことがあるけれど、商業広告を打つということは、自分達が望んでることと大きくかけ離れている様な気がして。で、その代理店社から

「広告をお願いしたいんですけど……」

と言われても、

「いえ、うちは絶対出しません」

と伝えた。すると、

「いや、広告出して頂くことによって評価も上がりますし、ぜひぜひ」

みたいに言ってくる。

正直、自分の店に一度でもきて頂いた方だったら、何を言って頂いても構わない。ただ、一度もご来店頂いていない食べログ様の商材の一部に勝手にされちゃってる感じが、とにかく気に入らない。この店は自分達が一生懸命育ててる店で、それに勝手に点数を付けるのはいいとしても、その見せ方を武器に商売するのはやめて欲しいと本気で思ったのだった。しかし、その代理店の方があまりにもしつこいので、

「どんな書き方をするのもいいけど、あなた方の商材じゃないですから!」

と、伝えた。すると、その一週間位後に、評価が見事に0.4ポイント位下がった。一気に3.0位になったのだ。「アルゴリズムガー」「優良ブロガーガー」ってところなんだろうが、サイト側の一存で上げたり下げたりする様な評価なんか、誰が信じるか、と思っている。

書き込まれるコメントにもいろいろあるなぁ、と思う。「あ、これはあのお客様だったんだ」と明らかに分かることもある。

ある時、子ども連れのお母さん数名がご来店した。自分も子どもがいて、子ども連れの方の気持ちはよく分かっているつもり。だからできる限り歓迎したいと思っているし、子ども連れ

のお客様がゆっくりできる様に小上がりのスペースを作ったってこともある。そのお客様が食事が終わって会計している時、外にあったタバコの灰皿を子ども達がいじって遊んでいたから、

「ダメダメ。触っちゃダメ」

と注意した。するとそのお母さんに、

「何で子どもを叱るんですか？」

と逆切れされた。すると数日後に、食べログのコメント欄にひどい悪口が書き込まれていた。その人が他の店について書き込みをした際の写真に、あの子ども達が写りこんでいて分かったが、自分のことは棚に上げて、こんな形で店を貶めようとする人が実際にいるんだなぁと。

　また、怪しげな営業の電話はしょっちゅうかかってくる。一時期、粗悪なおせち料理の販売で有名になったグループ購入の会社からの営業がしつこかった。グループ購入で具体的に商品にできるのって、原価率が10～20％位で在庫が豊富な商品であって、飲食は基本乗れないはず。利益の半分近くをあの会社が持っていくから、お店側は半額を受け取れるかどうかって世界。大資本とシステムを持っている企業がやるのならば分かるけれど、個人店舗が対応できるわけがない。あのおせちの騒動以前、２０１０年頃はイケイケだったのかもしれないけれど、月１位のペースで営業の電話がかかってきていた。ネットの中でグローバルに蠢いている人達は、小さな小さな店を必死で守ろうとしている人達がどの様に働いているのか、本当に分かっていないのかもしれない。

取材と宣伝〜きびしさとわだかまりと

ここ数年は、健康の為のベジ、美容の為のベジ、の人達からは、「あの店はそっちじゃないんだ」とバレてしまった様で、それ関係からの連絡や営業はなりを潜めている。ただ最近は、実際に日本で生活されている方も多いからだと思うけれど、ムスリムの方の為の情報提供をしているハラル系サイトからの連絡がすこぶる多い。日本において、ムスリムの方がハラルフードを食べることはなかなか難しい。ただ、ベジレストランであれば、彼らが禁食としている肉等の食品自体が端から存在しないこともあって、掲載依頼がかなり頻繁にくる。

ふつうのお店紹介のサイトだったら、最近では「面倒なら取材にこなくてもいいですよ」とさえ思っているんだけれど、ハラルをうたったものを取り扱っているサイトや、アレルギーを含めた健康と絡めて紹介する媒体には、ちゃんと一度店に取材にきて欲しいと伝えている。信仰やアレルギーって本当はとてもシビアな問題なわけで、表立ってベジやヴィーガンの店と言っていても、もしかして調理器具等で問題が起こってくることもあるだろうし、自分達が専門知識がないゆえに、問題が生じてくることもあるかもしれない。そのあたりは一度来店して、ちゃんとコミュニケーションを取ってから記事にした方がいいですよ、と伝えているのだが、それを言うと皆こなくなってしまう。

また、ある雑誌で「アレルギー対応の店」というくくりで紹介されたことがある。特に小麦（グルテン）アレルギーに対してなんだけれど。それについてはシビアに考えているところがあって。うちの店は現在、ほとんど小麦粉を使わないから基本的に「対応可能」なんだけど、小麦アレルギーに関しては複雑な段階があって、かつアレルギーでの危険度が結構高いから「小麦アレルギー不対応」とあえて伝えている。ただ、以前「小麦アレルギー対応の店」というくくりで本で紹介されたこともある。その時は最後に「小麦アレルギーについては、それぞれ段階があるので完全対応は難しい」っていう一文を入れることを約束として掲載して頂いた。

ただ、その時の情報をネットに上げられた際、その注意書の一文がすっぽり抜けていたのだった。そして、そんな間違った情報がネットに一度上がってしまうと、

「おたくは小麦アレルギー対応ってサイトに掲載されているじゃないですか！　なぜ対応できないいんですか？」

と怒られたこともある。店側が直接「違うんですよ！」と言ってることよりもネット情報の方を信じてしまう人もどうかと思うけれど、アレルギーは体、宗教は心に関わること。そのあたりはもう少しシビアに考えてみて欲しいと心から願う。

もはや取材に関しては、ちゃんとやってくれるんであれば、何でもいいと思っているんだけれど、テレビの取材だけはお断りしている。もしテレビで紹介されたら、うちの店の場合、いつもきているお客さんが入れなくなっちゃうかもしれないし、厨房の大きさ、店の大きさもあっ

て、今以上のお客様を受け入れることはなかなか難しい。また、放映直後はたくさんお客さんがきてくれるだろうけれど、その後、潮が引いてしまった時が、とにかく怖くて怖くて。

うちの店もウェブサイトでちゃんと宣伝したりすればいいんだけれど……心のどこかで、ちゃんとしたサイトを作ることをやめようとする気持ちが沸き起こってくる。心のどこかに、宣伝に対する躊躇みたいなものがあって。わだかまりというか、自分の変なこだわりなんだけれど。宣伝をする時って、実態以上のことを演出する可能性がある。一回り、二回り大きく、よく見せるという部分がどうしても出てくる。それに違和感があるのだ。それもあって基本的に広告を出さないし、意図的に宣伝もしない。傲慢な気持ちで言ってるわけじゃないんだけど、でも、宣伝に積極的になれない気持ちもある。

そんな下駄を履かせなくても、お店にきてもらって、「しょうもな」って思われたらそれでいいし、「おいしかった」って思ってくれたら、それでもいい。きたこともないし、食べたこともない人達が分かったふうに話したり、書いたりするのが嫌っていうところはある。でも、そろそろちゃんと宣伝しなくちゃな、という気持ちもあって、そこらへんはずっと複雑な気持ちのままで進んでいる。

第七章　リーマンショックで大打撃。それでも何とか切り抜ける

夜の営業での思わぬ誤算……酒が出ない！

酒さえ出れば何とかなる、という甘い考え方がどこかにあった。オープン後の3ヵ月間位は、シフトの問題もあって夜の営業をしていなかったけれど、夜の営業を始めたら、皆酒を飲んでくれるだろうと思っていた。夜の売り上げは半分位は酒で何とかなるかと思って、当初はあえてアルコールの値段も低めにしていた。そうしたら……全く出ない！　本当に驚いた。腰から崩れ落ちる様な気持ちだった。

野菜のみ、とはいえ、元々つまみになりやすい料理が多いから、それでアルコールを楽しんでくれるんじゃないかと期待していた。しかし、全くアルコールに興味を持ってくれない。あぁ、どうしよう。オーダーの時に、スタッフが気を遣って、

「お飲物とかどうしましょうか？」

と聞いてくれたりもしたのだけれど、お客さんは、

「水でいいよ！」「水をください」

「食後にお茶位は飲んでくれないかなぁ」と思ったりもしたんだけど、それも難しい。「うわ、参ったなぁ」と。オープン当初、一番焦ったのが、この「ベジ屋にくるお客様は、あまりアルコールを飲まない」ということだった。

客単価も、昼と夜がほぼ同じレベル。昼間は1000円以下だけども、夜は2500円位になるイメージでいたのに。頭では理解できていたつもりだけれど、ここまでアルコールに興味がないのは意外だった。また、昔はぶっ倒れるまで酒を飲むなんて当たり前だったのが、今の若い人は飲まない。

いや、本当はそれでいいと思っているんだけれど、飲食店にとってはやっぱり死活問題になってくる。だから、ビールは当初小びんで450円位で出していて、「晩酌セット」だの「おつまみデリでどうぞ」の様な感じで、「まずは1本ビールを」と進めていたけれど、売上げは伸びず。結局値上げせざるを得なくなってきた。もうかれこれ9年、ずっとこの問題と闘ってきたつもりだが、「諦めよう!」という結論に至っている。逆に、お酒を飲まなくても大丈夫なシステムをどうやって作るか、そっちの方に時間を費やした方がいいんじゃないかと思っている。

誰かの日常や人生の中にちょっとだけ組み込まれる様な店になりたい

自分にとって、店や食べ物との関わりで考えると、「あそこは死ぬまでに一度は行ってみたい!」みたいな特別な店よりも、週に一度とか、月に一度とか、時には年に一度あるかないかだけれど、「きっとまた行くだろうな」と確信している店というのが、自分の人生においてどれだけ大事かってことを考えてしまう。それは決して常連になるという意味ではなく、何回も行きたくなる、そしてその店や場所が、自分の日常の生活の中に組み込まれてる、ということ。それがとても幸せなことだと思っている。例え次にくるのが、5年後、10年後になろうとも、それがその人の人生の中に確実に残っていることの方が大事な様な気がしていて。

おいしいと思ってもらうこと以上に、そんな、誰かにとってちょっとだけでいいから、定番みたいな場所になりたいなと思っている。なおかつ、いつも小さな驚きがある、という様な。その為には、あえて最先端だったり刺激的過ぎない方がよくって、変わらないものとちょっとだけ更新や進化しているものが同時にあるのが一番いいんじゃないかな、と思っている。

京都の左京区、京大西部講堂の近くに住んでいた頃、気付くと足を運んでいた「東京ラーメン」という小さなラーメン店があった。ごくごくふつうのしょうゆラーメンで、薄いチャーシューとのりが飾られていて、化学調味料は丸見えな感じでたくさん入ってて……そしてもちろん値段が安い。本当に完璧過ぎるほどふつうなんだけれど、日常生活の中で、あんまり考えることなく「今日は東京ラーメンだな」と足を向ける。定休日ももちろん自分の中にしっかりと組み込まれてて、「今日休みだったかー！」なんてことはもちろんない。歳の割にはやけに背の高いおやじさんがやっていて、昼間だけ近所の奥さんが手伝いに入ってる位、ほぼ一人でBGMもなく、でも静かに店は賑わっていた。

本当にふつうの味なんだけれど、ただ、ほんの小さなこだわりがあって。生卵をプラスして割って入れてもらうと、その上にしょうゆをチョンとかけてくれる。また、大盛りを注文すると、出汁としょうゆだれのバランスが悪くなるのか、麺の湯切りが上手くできないのか、極端においしくなくなる、というラーメン。もしかして、あのふつう過ぎる味は、本当はめちゃくちゃ微妙なバランスの上に成立していたんじゃないかな、と疑ってもいた。

その店は、京都に帰るたびに時間があればふらっと立ち寄っていたんだけれど、今から5年ほど前、おやじさんが仕事が大変ということで閉められたそう。ただ思い出すほど、そのふつうの部分が、自分にとっては全てにおいてぴったりとくるものがあって。

親父さんのそんなに多くをしゃべりすぎない感じ、でも決して頑固ではない優しい雰囲気、カウンターの数、ヨレヨレになった少年ジャンプ……。120%満足させてくれるのではないけれど、行けば満足感を70~80%満たしてくれる味とお店の空気。そんなものが場所の吸引力になるんじゃないかなとずっと思っているし、そういう場所をいくつか持っているっていうことは、生きていく上でどれほど幸せなことか、と思ったりしている。自分達の店も、決して最高の場所じゃなくていいから、自分の中で「ここはちょっと自分にとって別枠に取っておこう」と思われる様な、そういう場所になりたいとずっと思っている。

なぎ食堂をオープンした時にあった渋谷や代官山界隈のベジタリアンレストランがどんどんなくなった理由、それは分からない。ただ、当時はなかった「ふつうに肉とか魚等を使わないだけ」のベジ屋は、今、どんどん増えている様な気はしている。こだわりはないけれど、少し個性があって、スノッブな楽しみはないけれど、ほんのりと個人店舗のやる気が感じられるお手頃価格の店。そして、そんなふつうで当たり前のベジ屋がたくさんできてくれたら、自分達のやってることがもっと分かりやすくなるのかなぁ、と思っていたりもする。

「東京ラーメン」の様に、最高のベジ屋ではなく、近所の、使い手のあるふつうの食堂の一つ、にいつかなれればいいなぁ、と。

Happy Cow 効果？　外国人のお客さんが急増

外国からのお客さんが増えたのはいつ頃からだろうか？　もちろん、元から知り合いのベジのミュージシャン、特にインディー系はこぞってきてくれていた。そんな噂を聞きつけて、実は結構有名なミュージシャンもきてくれて、それがブログに載せてくれたりすると、そのファンの人達が遊びにきてくれたり。「あのバンドきてたよね？」と聞かれたりもする。

まぁ、外国人のお客さんが増えたのは、いくつか理由があって。一つは『Lonely Planets』という、日本で言うところの『地球の歩き方』みたいなガイドブックがあって、その東京版の

「ベジタリアンレストラン」の項でうちの店が掲載されていたから。当初はふつうに紹介されているだけだったんだけれど、気付くと必要以上に高く評価してくれていて、それで東京中のツーリストのベジ難民の方達が、「どんなもんじゃろかい?」ときてくれている、ということ。

もう一つは、世界中のベジ/ヴィーガンのレストランや生活のアイディアを伝えている「Happy Cow」ってサイトの効果も大きいんじゃないかと。店のオープン時によくきてくれていたアメリカ人の友人が店を始めてすぐに登録してくれ、丁寧に口コミを書き込んでくれた。

当初はまだ専用アプリが出ていなかったので、ツーリストの方はそれなりに調べてきてくれるという感じだったのが、数年前専用アプリが出て、google マップとリンクできる様になって以降、いきなり多くの外国からのベジタリアンのお客さんが増えた。なぎ食堂の場所自体が結構分かりにくいこともあり、それまでは電話で一苦労しながら店の場所を英語で説明していたけれど、このアプリが出てからは一気に楽になったことが、何よりもありがたし。

また、近隣の高級ホテルのコンシェルジュの方が、どうも渋谷近辺にベジ屋が少ないこともあってか、うちの店を外国人観光客の方に勧めてくれている様子。ある時、その外国人のお客さんがホテルで渡してもらったと思しき地図のコピーを見せてくれたことがある。わざわざホテルからうちの店まで歩くルートまで描かれた地図、それをいつも用意してくれていたのか、と思うと、ちょっと、いや、かなりうれしかった。

高級ホテルに泊まっておられる外国人の方にとっては、今(2016年9月現在)はランチで１０００円位ってめちゃくちゃ安いと思う。ただ、以前はツーリストと呼ぶよりもバックパッカー、時にはヒッピーみたいなお客さんもよく来店してくれて、彼らにとっては１食１０００円がきつい場合もある。しかも日本だとベジの店は高い場合が多い。だから、「あそこは他のベジの店より安く食べられる」とか、「変な音楽がかかってる」とかいう理由でバックパッカーの情報としてうちの店が知られていた様で。

あと、ジン[*63]という文化が日本ではまだあまり広がっていない時期に、それを店に置いていたこともあって、カウンターカルチャーに通じてるんじゃないかって思ってくれたみたい。まぁ、一言で「外国人」と言っても、富裕層の様な人から、ケチケチ旅行の人達まで、いろんなタイプの方がやってくる。とにかくそれが面白い。

スタッフのワークシェアでなりたつ店

オープン当初に二人スタッフをお願いしつつ、夜の営業を始めることもあって、前から友人だったテニスコーツ[*64]の植野隆司君に入ってもらった。彼に手伝ってもらった理由は、基本ひまだったから、というのが大きいんだけれど、それ以上に、彼が自分で仕事を見つけて、自分で全て解決できる人間だということを知っていたから。

自分が店の運営方法を考えるのは当たり前だけれど、単なる「アルバイト」ではなく、自分でシステムを考えて動いてくれる人をずっと探していた。彼は調理場ではなく、ホールのみの担当で、最初から「自分がいいと思うやり方でやってくれればいい」と話していたし、その後のスタッフの動きは、彼が楽にやりやすい様に作った部分が元になっていることも少なくない。

ただ面白いのは、明らかに人によって許されることと許されないことがあるんだな、と感じたこと。例えばうちの店の奥にある小上がりの席に料理を持っていく時、ふつうだったら靴を脱いで小上がりに上がって接客をするわけだけれど、彼は小上がりに座っているお客さんに、

「すいませ～ん、お手数ですが取ってもらえませんか?」

と、小上がりに上がらず手をグィーっと伸ばして渡そうとする。ふつうだったらとんでもない話だけれど、お客さんも、

「はいはーい、大丈夫ですよ!」

とうれしそうにお皿を受け取っている。ふつうだったら最悪なあかんスタッフ。でも人によってはそれが全然問題にならないどころか喜ばれたりさえする時もあるわけで、接客とはマニュアル通りやっても仕方ない、人それぞれの個性と合わせて考えなくちゃ、と改めて思ったもの。

一般的に見たら、社会的にはあかん人達ばかり雇ってる様に見えるかもしれない。ただ、この店のスタッフに関しては、「自分で自分のルールを作ってくれる人」にお願いしているつも

りだし、本当にいいスタッフに出会えたと、ずっと思っている。彼らがいなかったら、ずっと前に潰れちゃってただろうな、とつくづく思う。ただ、そんな自主的に考えられる人を求めているがゆえに、ふつうにバイトの募集をかけても、思った様に店にはまる人はこない。人づてで「この人、なぎに合いそうなんだけれど、雇ってみない？」って感じで決まることばかり。それゆえに、友達の友達で、なんだかミュージシャン関係ばかりが集まってきただけ。だから、決してミュージシャン限定のバイトということじゃない。

ただ、アルバイトのスタッフに関しては、自分の中では一つだけルールを決めている。それは、初期のスタッフの子にはいつも最初に言っていた、

「毎日レギュラーで入るという形は、ちょっと困る。週3とか4回でお願いできればうれしい」ということ。それゆえにうちの店は、なぎ食堂の仕事だけで食べてる人は少なくて、他に音楽を作ったりとか、絵を描いたりとか、ケータリングをやったりとか、何かしら別の活動でも少なからずお金を手に入れている人が多くなってくる。

本当だったら、能力のあるスタッフに毎日入ってもらって責任感を持っていろいろと動いてもらう方が、店にとってはプラスの要素が多いのは分かっている。ただ、それだと困ることがとても多くて。まず、その人が一時的に抜けても、ちゃんとシフトが回る様にしたいということがあった。一人がお休みするだけで、店の運営が妨げられる様な状態だけは避けたい。例えば、テニスコーツの植野君とか、にせんねんもんだいの姫（野さやか）ちゃんは、バンドとし

て海外での評価が高いから、結構海外へツアーに行ったりする。一度海外ツアーに出ると、ふつうに1ヵ月位行ってしまうことも多々ある。

他にも、国内でも10日位全国ツアーに出るので休みたい、というミュージシャンも結構いたりする。レギュラーで毎日仕事を持っている人だったら、一週間位なら何とかなっても1ヵ月位のツアーがあると、その仕事をやめざるを得ない。もちろん音楽だけで食っていければいいんだけれど、世の中そんなに甘くないわけで、彼らはそれまではツアーから帰ってきたら、また新しいバイトを探す、ということを繰り返していた。ただ、うちの様なシフトでやっている場合、それぞれが少ない労働時間を組み合わせているので、その人が1ヵ月休んでいる間は、他のスタッフがちょっとだけ無理することで何とか埋め合わせができる。また、彼らもミュージシャンが多いので、ライヴやレコーディングで仕事を休むことに関して十二分に理解できる。

言ってしまえば、うちのバイトの仕事は、ワークシェアの様なものだと思っている。これも知り合いのアメリカのミュージシャンに聞いたことがあるんだけれど、アメリカだとインディーでも2ヵ月位のツアーに出ることはざらだから、そのツアーのたびにようやく手に入れた仕事をやめなくちゃいけないらしい。だから、ミュージシャンどうし、バンドどうしで一つの仕事をシェアしてたりすることもあるらしい。ツアーに出てる時期と働く時期をうまくダブらせない様に工夫して、それぞれが一つの仕事をシェアする、というやり方を採ってる。

日本でもそういうワークシェア的なやり方がもっと広まればいいのにな、とつくづく思ったりしている。とにかく、やりたいことを長く続ける為には、何かしらのシステムとかサポートがなければ、なかなか難しい。

また、それ以上に大きいのが、うちの店での仕事を生活の全てにして欲しくはないということ。自分自身、9年やってきている今でさえ、腰かけというか、一生ここでベジ屋をやっていくかどうかは分からないし、今でも心の半分は「編集者」と思っている。そういう二足のわらじ的な気楽さが、逆に風通しのよさにつながる気がしていて。あと、毎日同じ場所に同じ人と仕事をすると、煮詰まったりマンネリになったりしちゃうだろうな、というのが自分の正直な気持ち。自分がそうだったから、きっとスタッフの人達もそうだろうと。とにかく、他に何かやりたいことがあって、うちの店は腰掛けというか、踏み台にしてくれたらいいと思っていたりする。だからこそ、うちの店での時間以外に、未来につながっていく様な何かをやっていて欲しいと。その為には時間が必要だと思うし、毎日アルバイトでなぎ食堂に入っていては、そんな「やりたいこと」ができるわけはない。

また、とてもリアルな話だけれど、東京の様に仕事が多い場所でも、30歳を過ぎると新たに時間に融通が利くバイトを見つけることはなかなか大変。うちは給料は確かに安い。でも、彼らが気楽にバイトに入れる様、仕事の枠、雇用をできる限り作っていきたいと思っている。

自分が店に入った方が人件費を払わなくて済むので経営的にはやりやすいな、と思ったことも何度もあるけれど、逆にその枠をスタッフの人に任せて、自分は他にギャランティーを手に入れられる仕事を探した方がいいな、というのが最近のやり方。また、二号店を始めたり、それ以外の展開をずっと模索しているのも、そういう「他の仕事ができないかもしれない」スタッフが、一人でも多く食っていける様に、と考えた結果だったりする。

ただ、ミュージシャンのスタッフが多いから、たまり場みたいになってるんじゃないか、と思われているかもしれないけれど、そこらへんはスタティックに〝仕事〟として、皆真剣に働いてくれている。今ではわざとインディーミュージシャンやアイドル予備軍を店員やスタッフにして、そのファンが集まるのを狙った店もあるらしいが、うちはそういう店とは線を引いているつもり。最近なら、シャムキャッツ[65]の夏目（知幸）君とか見汐（麻衣[66]）ちゃんとか、王舟[67]君やmmm[68]（ミーマイモー）ちゃん等が働いている時、彼らのファンがきてざわついていることともあるみたいだけれど、それを意識して何かをやっているつもりは全然ない。ただ、彼らがずっと音楽を続けていける環境作りを、ほんの少し手助けできればいいかな、と思っている。

リーマンショック……2008年に訪れた危機

当たり前の話だけれど、株なんてものに手を出してはいないし、自分達は社会全体の経済圏とは少し距離を取って生きていく為にも、自分達の店を作ったつもり。ただ、2008年の9月、リーマンショック[*69]という出来事が起こった、らしい。「らしい」と書くのは、それ位自分達とは関係のない対岸の火事の話だから。なのに本当に世間っていうのは、「時代の雰囲気」ってものに流されたり左右されちゃうんだなぁとつくづく思った。リーマンショックから2ヵ月ほど経った11月の頭、店をオープンして1年経つか経たないかの頃、夜の営業がようやく周知されて、常連さんやわざわざ遠くからきてくれるお客さんが増えて、店が安定し始めたその時期に、突然どん底に突き落とされた。

とにかく、お客さんが誰もこない。昼はまだしも、夜ともなれば、本当に誰もこない。その前の月と比べても半分以下の落ち込みで、その後、店を1週間ほど閉めていた2011年の3・11の時よりもひどいという、とんでもない売上げだった。ただ考えてみれば、いったい誰が日本でサブプライムローン[*70]に手を出していたというのか？　それ以上に、日経平均が数ヵ月で半分になったとしても、株を「売った！」「買った！」ってやってるトレーダーの方や投資家がうちの店に足繁く通っていたとは思えない。結局、うちの店にくる様なふつうの方たちは、リーマンショックで何かが大きく変わったわけじゃないはずなのだ。それでも、現実としてお客さんがここには全くいなくなってしまったのだ。

その時、現実の不景気よりも「不景気な雰囲気」ってものがヤバイってことを思い知った。店をオープンして、それなりにお客さんもき始めて、「この調子だったら結構いけるんじゃないか？」と思い始めていた自分達は、その雰囲気にこてんぱんに負け、その後1年以上、それ以前の売上げまでには戻らなかった。

　そのブラック極まりない11月は、自分は無給にするしかなく。また、それまではずっと「まずは3年。3年持ったら違うことをしよう！」と思っていたけれど、「3年どころの騒ぎじゃないなぁ。まだめっちゃがんばらなあかんわ」とギアを大きく入れ替えた。たぶん、スタートダッシュが思ったよりよかった為、ナメていた部分もあったのだろう。ただ、そこで少し頭を切り替えて、「まずは5年を目処に店を続けよう。どうしたら続けられるかを考えよう」と。

　共同経営者の北口君が他の編集仕事で必死に補てんしてくれたから続けられたけれど、あの時の落ち込みは、「もしかして来年早々には潰れるかも」という気持ちだった。北口君と共に、「この先どうなるんだろう？」と話し合ったり。自分達が間違ったことをしていなくとも、世の中の空気の中でうまくいかないこともある。それは分かっているけれど、とにかくやるせなかった。今でも、何となくあの時の未来が見えない感じを思い出すと、ただただ胸が締め付けられる。

東京の真ん中で商いをし、子育てをすることの難しさを痛感する

先に述べた様に、店を始める時に「まずは3年」と考えていた。店の賃貸契約の更新も3年だったし、飲食の先輩方からも「まぁ、まず3年潰れずにもったら、第一段階はクリアだな」と聞いてもいた。確かに3年前後で大抵の飲食店は潰れている。知り合いの店も、知らない店も、いい店も、そんなによくない店も。いや、最近はかなり資本を投下しているにも関わらず、1年も経たずに……って店も少なくない。時々、あんなに金をかけてるのにサラッとやめれる、それ自体がうらやましいなぁ、と思うこともある。

予定では、店が3年目になると上の子どもが5歳で小学校入学も近くなってくるし、下の子も産まれたけれど、その頃には嫁さんの手も少しは離れるだろうと。そうなってくると、店を手伝ってもらうかもしれない。ただ、うまくいくかいかないかは関係なく、店を3年でやめるっていうことも常に考えていた。その一番大きな理由は、なぎ食堂をある程度軌道に乗せられたら東京を離れるということを考えていたから。店をやるのが嫌とかそういった類いのことではなく、「果たして東京のど真ん中で子どもを育てられるのか?」という思いがずっと頭の中にあった。夫婦ともに関西出身だし、東京、しかも渋谷から自転車で20分程度の場所で子育てをするっていうことに、ある種の怖さも感じていた。学校の問題ももちろんあるし、自転車で渋谷に遊びに行ける様な超が付くほどの都会で育つ子どもがいったいどの様になるか、大阪の外れの団地で育った自分には、ちょっと想像もつかなかった。

また、店をやっているとはいえ、それを一生の仕事にする気持ちがあるのか、正直分からなかった。自分としては、それまでやっていた雑誌の編集やレーベル運営の仕事は、店を始めたからといって「やめた」とは一言も言っていない。実際、年に数枚はCDをリリースしていたし、3年位やって店が軌道に乗ったら、誰かに店を任せて自分は関西に戻るとか、もしくは今まで住んだこともない場所に行って、編集やレーベルの仕事をゆっくりとやるとか。またあるいは、3年うまく経営できたら、ある程度ノウハウがたまっているだろうから、どこか他の場所で夫婦で小さな店を始めるのはどうだろうかってことも考えてて。そんなこともあって、最初に北口君と考えてたのは、「まずは3年がんばってみよう。そこでダメだったらキッパリあきらめよう」と。その代わり3年間は死に物狂いでがんばって、他のことはしない、と決めた。

最初の一年位で売上はポーンと伸びた。ただ、店の運営としては素人仕事、バックシとした計算で考えていたので、人件費や経費がうまく回らなくて、結局減価償却は全然できていなかった。いや、今でも最初に投資した分を回収できていないわけで、それを考えると、経営という観点で見ると、完全に失敗という見方もできる。お恥ずかしいかな。

2016年現在、渋谷の店の方は労働的にはスタッフに完全に任せていて、自分はデリを作ったり細かな店に関する仕事をやったりという、外部職員の様な立ち位置に移行しつつある。元々、人を使って経営する様な余裕がなかったこの店が、店主が離れてもある程度店が回る様になったのは、2009年頃に子どもが長期入院したことがきっかけ。まだ3歳の子どもの看病で、病院にずっといなくちゃいけない。そんな物理的な理由が生じて、少しずつ店の仕事をスタッフに任せざるを得なくなった。それまでは「店主が顔になる様な店にはできないし、するつもりもない」と偉そうなことを抜かしつつ、常に自分がいないとダメだ、と過信していたのも事実。ただ、任せてみたら、めちゃくちゃできるもんだ、と。皆、自分よりもしっかりやってくれる。

ただ、自分がいる限りは、スタッフは「この店はあの人のものなんだから、僕らはいちいち何か口をはさんじゃいけない」って気持ちがあったんじゃないかと思う。でも、自分みたいな素人が始めて2年位やってるだけの仕事、それは、全くもって特別なことじゃない。人に任せてみて、何でそんなことにもっと早く気が付かなかったのか、と改めて思った。

子どもの病気で気付いたこと

2009年の夏、突然上の息子が腎臓を悪くして入院することになった。紫斑病性腎炎。当初、足の向こうずねあたりに打ち身の様なあざができて、何軒か小児科に連れて行ったものの「大丈夫大丈夫」と。でも、全くあざがひかないし、それ以上に息子がどんどんだるそうにしている。これはおかしいということで、総合病院で診てもらったら、その日に、紫斑病性腎炎と診断されて即入院。当初は近くの総合病院で、入院とはいえ、結構設備も整っていて楽しそうにしていたんだけれど、治療を進めても一向に改善しない。結局、専門病院じゃないと治療が難しいことが分かり、神保町にある大学病院に転院。最初は気軽に考えていたんだけれど、その病院の治療でも一向に腎機能が回復せず、このままでは抗がん剤の様な副作用が考えられる薬を投与しなくちゃいけない、みたいな話になってきて。

正直、子どもが病気になることがあるかもしれない、というのはある程度覚悟はしていたけど、ついこの間まで元気に遊び狂っていた奴が、「まさか……」という感じ。いろんな治療をして、最後に強力なステロイド剤を直接注射し、何とか最悪のところから快復してくれた。今はそんなことをどこ吹く風、ふつうに生活できる様になっているけれど、当時は毎日、彼の顔を見るたびに涙がこみ上げてきていた。また、ちょっと泣き顔の息子を病院に残し、夜の9時に帰らなければならないのが、本当に辛かった。「親はなくとも子は育つ」位に安易に思っていた自分を戒め、何があっても子どもと正面から真剣に向き合っていこうと心に決めた。

結局、二つの病院を合わせて3、4ヵ月位入院していた。その間、嫁さんはまだ1歳にならない娘の面倒もみなければならないし、小児病棟は感染症を防ぐ為、体力のない乳児や幼児が入れないこともあり、自分か嫁さんのどちらかが娘をみて、もう一人が息子に付き添うシフトで看病することにした。つまりほぼ自分が息子の看病をしなければならない。こういう時、ふつうにサラリーマンをやっている人達は、いったいどの様にして乗り越えているのだろうか？「子どもの看病があるので、しばらく休ませてもらいます」というわけにはいかないだろうし。

とにかく、自分は自営業の特権を行使すべく、スタッフにお願いをした。

「申しわけないけれど自分はしばらくは店に入れる時間が決まってきてしまう。その間にデリは仕込むけどこれまでやっていた調理の仕事をお任せするので、頼むからやってください」

それまでホールのみだったかえる目の実験ヴァイオリニスト、木下（和重）君も、

「そういうことだったらやります！」

と慣れない調理をやり始めてくれた。最初は「大丈夫かな～」と思っていたけれど、気付くとできる範囲でデリの仕込みまでやり始めてくれて、「まぁ、何ごとも経験と実践だな」と思った次第。ただ、自分が店の営業時間中に入れない分、スタッフが入ってくれたことは本当にありがたかったのだけれど、それで人件費がガーンと上がってしまって、経営を逼迫することに。また、デリに関しても、自分が入れないこともあって、新しいメニューを作り出すこともできず。3年目で何とか経営を軌道に乗せようと思っていた夢は脆くも崩れることになった。

店の壁に子どもの落書きが描かれてある。あれは実は、息子が入院中、ほんのちょっとだけの仮退院の時に、店のアイスクリームが食べたいとやってきた時、一所懸命描いたもの。ほんとにただの落書きなんだけれど、その時の自分が抱えていた、いろんな切ない気持ちや自戒の念を絶対忘れない様に、それからずっと残している。

カレー屋通いで気付いた、出汁信仰の嘘

子どもが神保町の病院に入院していた時のこと。基本的に、朝店に仕込みに行って、昼位に病院に到着、夫婦で代わる代わる夜まで子どもに付き添う生活を送っていた。子どもはさすがに強くこんな状況にもすぐに対応できて、何となく乗り越えられたのだけれど、2ヵ月を過ぎた頃、親の方が乗り越えられなくなって。1歳の娘を京都の義母に預けて仕事と看病をうまくやろうとした。でも、なかなか子どもの治療が進まない。そんな生活の中で、「いや、自分達がへこんでたらあかん。もっと前向きにならなくちゃ」と、楽しみを見つけようと考えた。そこで、病院も神保町だし、毎日昼ごはんに夫婦で違うカレー屋さんに行くことにした。嫁さんは自分以上にカレーが好きだったこともあり、子どもを寝かしつけた後に病院を抜け出しての1時間半は、へこみまくっていた日々からとてつもなく盛り上がる時間に変わっていた。それまでも自分もカレーやスパイスに興味はあったけれど、奥が深過ぎて関わっちゃいけない世界だと思い込んでいた。この本当に深いスパイスの世界に触れてしまうと、面白過ぎてそこばかりやってしまうのでは、という怖さもあった。それがこの時まで、うちの店でカレーをメニュー

に入れなかった理由だったりもする。

ただ、神保町に通った2ヵ月ちょっとの間、時には秋葉原や東京駅近辺まで足をのばして、多くの人がそうなってしまう様に、日々異なるスパイスにまみれていった。いや、カレーというよりも、スパイスの面白さ、深みに感動してしまった。その頃はまだ、欧風カレーとインドカレーが根本的に別物っていうことすら理解していなかったけれど、欧風カレーで「ベジタブルカレー」と称するものも、ほぼチキンやビーフストックを使っているものゆえ、食べることすらしていなかった。また、神保町がカレー天国とはいえ、本当においしい店はごくわずか、でもあえて評判がよくないカレーも食べてみようといろいろと試みたのがよかった。

日本において、インドカレーと称している店は、実はインド人が経営しているものの、ネパール人が料理を作ってる場合も少なくないことを知った。そこには二国の経済的格差もあるのだろうけれど、ネパールのカレーとインドのカレーは全く別物で、ネパールのカレーって、ドライカレーだったりダル（豆）スープだったりと、いわゆるインド風のとろっとしたカレーとは違う。なのにそんなネパール人が、自分達の祖国の味ではないインドカレーを作っているわけで、それはどうなのか、と。ネパールの方がサービスで出してくれたおつまみの様なものが、逆においしいということにも気付いた。

一番興味を持ったのは、喫茶店の居抜きを改装しただけの様な小さなネパール系カレー屋、厨房が丸見えなんで、ぼーっと見てたら、その場でパッパッと作ってる。「そんなんでええんかよ！」って思ったけれど、それがえらくおいしかった。

それまでカレーって、複雑な味を出す為にいろいろ試行錯誤して、細かくスパイスを調合して、独自のガラムマサラ[*71]を作って……そんなプロフェッショナルの技術の粋だと思い込んでいた。でも今、自分が食べているのは、隣の兄ちゃんとしゃべりながらチャカチャカッと作った野菜炒めの様なドライカレー。でもそれが絶妙にうまい。そこで「もしかして自分の様な素人でもうまいカレーが作れるんじゃ？」と思い、本気でスパイスやカレーについて調べ始めた。

自分にとって一番インパクトがあったのは、「インドには〝出汁〟という概念自体がない」という事実。それはかなりの衝撃で。「出汁がどうのこうの」なんてことを考えなくとも、あんなにうまい味が作れる、ということ。昆布やしいたけ、鶏や魚みたいな、「出汁が出やすい食材」から〝出汁〟を取らなくても、〝うま味〟は出せるっていうことをその時に理解した。

それまでのイメージとしては、昆布とかカツオ節とか、ああいったアミノ酸の多いものからしか出汁は出せないっていうもので、その思い込みでガチガチになっていた自分に気付いた。「あぁ、自分は何て固い頭で数年間も料理を仕事にしていたんだ」と、ただただ反省するばかり。食べ物っていうのは、結局、全て味を持っている。その反動もあって、その頃はいつも、「食材を信じろ！」とつぶやきながら料理をしていたもの。

例えば、ペペロンチーノ、アーリオオーリオと言ったりもするけれど、あれが分かりやすい。唐辛子とにんにくをオリーブオイルで熱しただけでも、めちゃくちゃうま味が出る。なのに自分達は、「日本料理は出汁が命」みたいな言葉が知らず知らずに刷り込まれていて、〝出汁＝うま味〟ってことに捉われ過ぎてたんじゃないかと。それまでは店に入ったらまず、みそ汁の出汁を昆布と椎茸で取るってところから始めていた様に、出汁を使わないと料理はできないと思い込んでいた。でもカレーって、肉や魚すら入ってなくても、豆やトマトはもちろん、スパイスから出る味やうま味がちゃんとある。その為には油でテンパリングして……でもそれをちゃんとやると、スパイスからいろんな味がしみ出てくる。

また、「インドカレーでは玉ねぎをそんなに炒めない」という話を聞いて、飴色玉ねぎが幻想だということも知った。それまで、カレー作る時には玉ねぎを飴色になるまで炒めると思い込んじゃっていた。ただそれは欧風カレー、いや、ビーフシチューの作り方であって、インドカレーのレシピをひも解くと、そういうプロセスがあまり重要ではない、ということを知る。もちろん玉ねぎはベースとしては重要な食材。ただ、ある程度炒めるだけで、「飴色」までを求めない。また、飴色玉ねぎがなぜ甘いかと言えば、玉ねぎは糖度だけを調べたら、元々果物と変わらないほどの甘さを持っているから。それをしっかりと炒めることにより、甘みをマスキングしていた辛さや苦味がなくなり甘みだけが残った、ということらしい。

そこで、誤解を承知でふと思った。もしかして自分達は、「作業の労力」に捉われ過ぎてるんじゃないかと。一生懸命玉ねぎを炒めたり、すっきりとした一番出汁にこだわったり。一つの作業にこだわりと時間をかけることはもちろん重要な仕事だと思う。けれど、「労力＝うまさ」

だけではないということ。自分が面倒くさがりだということもあるけれど、作業を簡素化してシンプルに作ってもおいしいものができる可能性はある、ということをカレーを通して知った。

また、スパイスも含め、一つ一つの材料から、それぞれの味が出るっていうのを、もっとちゃんと信じた方がいいよなぁと考えている。野菜のそれぞれの味とか、豆の一粒一粒の味に、単に塩を加えるだけでもさまざまなバリエーションが付けられると。

スパイスに関しても味のスパイス、香りのスパイス、深みのスパイスがあって、それぞれの味をうまく引き出すことが重要で、「○○種類のスパイスを○○時間煮込みました」なんて味が混沌としちゃうより、数種類のスパイスの味をしっかりと引き出すことの方が楽だし、面白い、ということを確信した。もちろん、まだまだ思う様には引き出すことはできないけれど。

カレーメニューの導入とあるジレンマ

店にはずっと「カレー」のメニューはなかったんだけれど、このカレー食べ歩きの経験を基に、自分でスパイスから作ってみたら、思いの外、すぐに自分でも満足できる味になり始めた。もちろんいろいろ本を読んだり、カレーマニアの人に話を聞いたり、子どもが病気ということもあって店に入る回数を減らしていた時に、家で何度も試作したりしていた。オープンからしばらく、うちの店にきて頂いた方はお分かりかと思うけれど、それまではそんなにスパイスを使ってはいなかった。インドネシア料理やタイ料理が好きで、そのコピーはしてたけれど、インドネシア料理はそれほどスパイスは使わないし、タイ料理はスパイスというよりもハーブの方が重要。けれどここでカレーを勉強することで、スパイス一つ一つの意味が分かってきて、カレー以外のデリに関してもいろんなスパイスを隠し味的に使う面白さにはまってしまった。

いつもスパイスを買いに行ってるスパイス屋のネパール人の兄ちゃんがいて、彼は料理人でも何でもないんだけど、ちょこちょこスパイスの使い方を教えてくれる。本を調べても書かれてはいないのだが、例えば月桂樹の葉っぱって匂い消しのイメージがあったんだけれど、

「いや、月桂樹の葉っぱは、油でスパイスをテンパリングする時に入れたらいいんだよ」

と聞いて。それでやってみたら、びっくりする位おいしい。また、

「おいしいカレーを作りたかったら、ホールトマトなんかじゃなく、生のトマトを使わなくちゃ」

と言われた時も確かにそうだった。でも、生のトマトは当たり外れが多くて味に安定性がないから、今はあえて使わないようにしてるのだけれど。

それから数年、カレーに関してはずっと勉強し続けていて、今店で出してるカレーよりも、もっとおいしいと思っているカレーのレシピはいくつも持っている。だったらそれをメニューに出せよ、ってことになるけど、自分がおいしいと思うカレーはクセが強過ぎる。ただ、うち

の店はカレー専門店じゃないわけで、不特定多数の人、特にベジの方と共にご来店頂いたノンベジの方の多くは、「んー、じゃ、カレーでいいや」っていうネガティヴな理由でカレーを選ばれる方も少なくなくて。そこで本気なインドカレーが出ると、ちょっとヘビー過ぎるのか、残されてしまうことも多々あり。あまりに心配になったので、ちょっと話を聞いたら、

「まずくはないんですが、ちょっとスパイスが強過ぎて」

と言われて。その時、カレー屋さんのカレーとは違うことをしなくてはいけないと気付いた。

そこで、いろいろと試してみた。豆を2種類、別々に煮たダルカレーだったり、オクラがトロットロになるまで仕上げたビンディマサラだったり。その結果、一番多くの方が楽しんでくれたのが、辛味を抑えめにしたココナッツカレーだった。辛さもココナッツで抑えられているから、子どもも食べられるし、皆がそれなりに満足できるもの。なおかつスタッフの誰でも作ることができる、細かな技術を要さないもの。結構、おいしいと言ってくれる人も少なくないけれど、心の中では「それはベジ屋のカレーにしては、ってことだよね」とつぶやいたりしていて。だからジレンマというか悔しい気持ちはずっとある。「ほんとはもっとおいしいカレー作れるのに」と。

最初オープンした時は素人料理で、とにかく必死で毎日何か作っていたし、振り返る余裕もなかった。時々「うちの店の売りはソイミートのから揚げ?」みたいになって、正直、「それは嫌だなぁ」って思って。あんなもの、乾燥ソイミート買ってきて、戻して、から揚げすれば

誰でも作れる。それがおいしいと言われても、なんだかなぁ、と。それゆえに、他に何か代表的な料理を作らなくちゃ、と焦っていた部分もあったのかもしれない。そこでスパイスを使った料理を表に出すことで、「あそこは、何かエスニックなベジ屋さんだね」と言われることもあって、少しうれしかったり。インドカレーはとにかく、自分達の店のメニュー作りにおいて、大きな転機になったと思っている。

カレーと言って思い出すお客さんのこと

カレーと言えば思い出すのは、オープンから1年位の時、毎日の様にきてくれていたアメリカ人のゲイのカップルのこと。数ヵ月のことだけど、近所に住んでいたと思しきナイスな輩。ちょっと腕っぷしの太い強面の男とロン毛の短パン男、ケヴィン・スミス監督の映画『ジェイ&サイレント・ボブ』の名コンビ風凸凹感が何ともいい感じで、面白いのであえて何者かは聞かず、植野君とともに「腕っぷしの太い奴がバリトゥードの選手で、短パンがその辣腕マネージャー」とか「ネット関係の馬鹿アプリ作って、そのパテントで世界中遊び歩いている」とか、勝手な想像をめぐらせたりしていた。

その頃はまだメニューにカレーはなく、「なすとエリンギ（もしくはズッキーニ）のカレー風味」の様に、カレー「風」とごまかしているメニューばかり。調理法としては、「フライパンに油と市販のカレー粉、なすとエリンギを炒め、塩、こしょう、チリペッパーを加えて、酒とココナッツミルクで煮込む」だけのもの。でも、これだけでも味はかなりカレー。いや、本当に十分にカレー。でもメニューにはカレー「風味」とあえてぼやかして書いていた。その理由は、全くもってスパイスに自信がないから。誰かに「こんなもん、カレーじゃない！」と言われたら、謝るしかなかったから。

そんな頃、その二人組は毎日やってきては、選べるデリの一つに、毎回このカレー「風味」を加えながら、日々仲よく〝I got it!〟だの何だの喜んでいる。どうやら具材が「今日はズッキーニ！」「やった、俺の好きなエリンギだ！」なんてことで一喜一憂している様子で。「しょうもな」、と思いながらも、僕らは謎の二人を「Mr. ズッキーニ」「エリンギ Boy」と、こっそり呼んでたりしていた。

「ねえ、毎日、同じメニュー頼んで飽きへん?」

「いや、毎日結構味が変わってるから飽きないよ。今日はなかなかにおいしいね！」

ありがとう。あえて言ってないけれど、君らが毎日頼んでくれている間、自分も毎日、この「カレー風味」を少しずつ少しずつ、いじっていた。最初はカレー粉をクミンやコリアンダーのパウダースパイスに替えてみたり、それでもなかなか味に深みが出ないから、カリーリーフ等のハーブ系スパイスを煮込みに加えてみたり。そして今は、最初にホールスパイス数種をテンパリングしてから、なすやエリンギ、時にズッキーニを炒めて作ってる。つまり、これはもはや「カレー風味」じゃなくって「オリジナルのカレー」に近付いてるんでは、って思ったり。

ある朝、彼らはオープンの1時間も前に店にやってきた。

「今日の昼過ぎの便でオーストラリアに行くんだ。もしよかったら、飯食わせてくれない？」

まだオープン前、デリの準備もできていないし、米も炊けたばかりだ。でも、わざわざきてくれたんだから、その代わりにと、おにぎりを渡して送り出した。

「あ、アリガト！」

ズッキーニ&エリンギはその場でパッケージをおっ広げ、おにぎりを頬張りながら旅立った。そして、それから2年ほど経った頃のこと。突然、あの馬鹿兄弟はリモートコントロールでスピード操作ができる自走式スケートボードに乗って帰ってきた。息を切らしながら店に入ってきて、メニューを見て一言言った。

「おいおい、あのなすとエリンギのやつはないのか？」

いや、「なすとエリンギのココナッツカレー」って名前で単品でメニューに載っているのが、君達が知ってる例のカレー風味の2年後バージョンなんだ。出世したもんだ。でもきっと気に入ると思うから食ってみて。どっちがズッキーニかエリンギか、もはや忘れてしまったけれど。

優秀なスタッフの知恵をどんどん取り込む　その①　中近東系料理

その頃、スタッフに結構入れ替わりでいろんな子が入ってきた。前述の通り、基本、スタッフはミュージシャンの子が多かったのだけれど、皆、何やかんやで忙しくスタッフが足りずにどうしようと思っていた時に、ある女の子が食べにきて、「コレ、おいしい！」と言ってくれた。同時に「働かせてもらえませんか？」と。とりあえず連絡先だけ聞いて、後日、話をした。

「ふだん、何してるの？」と聞いたら、1年ほど前からメッセンジャーをやっている、とのこと。ちょうど自転車ブームの直前で、ブレーキも付いていないピストバイク[*72]でガンガンに飛ばす人たちが出始めた頃。

「メッセンジャーで、ヴィーガンなんです」

ってサラッと言う。かなり細い女の子だったから、

「昼間メッセンジャーで、夜は飲食って、体力的に大変と違う？」

って聞いたら、

「全然大丈夫です」

と。それで入ってもらうことになった。彼女は高校卒業してすぐにオーストラリアにワーキン

グホリデーか何かで行ってその後、なぜか数年、イスラエルに住んでいたらしい。この時期、「なぜにイスラエル？」と思うけれど、まぁ、いろんな理由でイスラエルに住み、結構楽しくやっていて、ちょうどその時に、周りの環境もあってヴィーガンになったんだとも。

すごく興味があるので、しょっちゅうイスラエルの話を聞いていた。そんなある日、「中近東系の料理、もし知ってるものがあったら興味あるから教えてくれない？」とお願いした。それまで作ってきたタイ料理やインド料理も、もちろん誰から教わったものでもないけれど、日本のお店で食べることができる。ただ、中近東系の料理って、とても興味深いんだけれど、ハラル食が求められている現在ですら、やはりレストランは少なくて、イスラエルはもちろん、いまだにトルコとかモロッコのちゃんとした料理を食べたことがない。だから、あくまでも創作料理なんだけれど、その子の舌の記憶を信じる形でいくつか試してみたかった。

実験的な料理も作ってみたんだけど、現在のメニューに出てないものが多い。ただ、もしかして看板メニューになるんじゃないかと思って、ファラフェルだけはちゃんと仕上げてみようと考えた。ファラフェルというのは、ひよこ豆や青豆を潰してスパイスを加え、カラッと揚げた豆のコロッケの様な代物。上品な食べ物というよりは、屋台で出るおやつみたいな感じで、ジャンクに食べられているのがまたよかった。

最近は、ファラフェル専門店がいくつかできてきて、お洒落な感じで流行っている様だけれど、当時はまだ、赤坂の「ピタ・ザ・グレート」位しか東京には専門店がなかった時期。それゆえ、おいしいファラフェルを出せれば、それが売りになるかな、とも考えていた。また、自分がニューヨークに住んでいた頃、ブルックリンのユダヤ人街のカフェで、日常的にファラフェルサンドを食べていたこともあって、あんなふつうの感じでファラフェルを出せたらいいな、とずっと思っていた。そこで、日々ファラフェルの研究をば。もちろん、いろんなレシピがネット上にあるけれど、嘘ばかり（中にはひよこ豆を一度茹でて云々なんてレシピさえある！）。考えに考えた末、シンプルに作ったものが一番おいしかったというのがまた面白い話。

ただ現在、うちの店で出してるファラフェルは、豆腐で作ったマヨネーズをソースとして、お出しししている。本場ではヨーグルトとタヒニという、ごまのペーストを混ぜたソースを使うんだけれど、ヨーグルトは乳製品なのでまず出せない。ただ、それ以上に、ふつうはピタパンに挟んで出すのがスタンダードだけれど、うちは基本玄米ごはんのみ。ヨーグルトやタヒニペーストはごはんに合わないことが分かって。

ごはんが進む様な味付けを考えた時に、豆腐で作ったマヨネーズソースを思い付き、それによって結局、本物のファラフェルとはちょっと違うものになってしまった。だからこそなぎ食堂のファラフェルとして、好きな人は気に入ってくれるものになっているんじゃないか、と。

そんな、オリジナルとは違うけれど、おいしければそれでいいかという適当さが、うちの料理の味なんだろうな、と思っている。

優秀なスタッフの知恵をどんどん取り込む　その②　プロ並みのスタッフが大きな戦力に

料理を教えてもらったってことで言えば、今、蒲田で「Phono Kafe」っていう自分のベジ屋をやっている大原（由紀江）さんの様な、自分よりも数段技術のある人達が働いてくれていた時期がある。たまたま某劇団関係の人から紹介されたけれど、ずっとベジ屋さんを転々と働いてたというから、うちとしてはちょうどよかった。いくつものベジ屋さんで働いてきて、マクロビオティックの勉強もしてた人だったから、技術的にも安心感があった。ただ、その大原さんは、ベジ屋さんで働きたいんだけども、そういう店の雰囲気とか独特の面倒臭さっていうのを嫌というほど見てきたらしくて、そういうのに疲れてたらしく。いずれは自分で店をやりたいんだけど、それまでの間で何かできないかなと思っていた時、うちに流れ着いた。だから、渡りに舟というか。こちらは技術が欲しいし、向こうは気楽に働きたいというギブ&テイク。

結局2年半位働いてくれたんだけれど、その時に大原さんが持ってきてくれたアイディアや技術が、うちの料理の基礎になっている部分がある。例えば、「かぼちゃのごましそサラダ」っていう当店のスタンダードは、元々は、大原さんが作ってくれた、かぼちゃを一度茹でてマッシュしていたサラダを「揚げた方が手早くできて、味がしっかりするかも?」と、少しエディットしたもの。かぼちゃの様な食材は、結構手間がかかるんじゃないか、という思い込みでなかなか手を出していなかっただけに、「こんなに簡単に作れるもんなんだ」と認識を新たにした。

また、料理の技術でお世話になったと言えば、ホライズン山下宅配便ってバンドで強烈なドラムを叩いてる倉林哲也君には、中華のいろはの「い」を教えてもらった。彼はうちの店で働く以前、とある出来事があって、自分が店長でやっていた食堂を取り上げられた後で、正直料理を作ること自体にちょっと嫌気が差していた頃。ただ、彼の音楽も好きだったし、料理も格別に上手いって噂を聞いていたから、

「もし今、ひまにしているんだったら、少しでいいから厨房入ってみない？」

と相談してみた。彼の持つ中華の技法以上に、彼が考えている料理に対する好奇心が面白かった。中華料理は火の料理ゆえ、本当だったらうちの様な一般家庭のガスコンロでは作れないもの。ただ、彼が考えてくれたいくつかのアイディアによって、「本格中華」とは言えないものの、小さな火力でもそれなりの味を出すことができる様になったと思う。

彼はうちで1年ほど働いた後、料理に対して興味が盛り上がった様で、自分の店を再び始めることになる。今も日々元気に、予約のみの家庭中華料理屋「虎茶屋」を切り盛りしている。

そしてもう一人。割とオープンすぐの頃から、3年ほどいてくれていて、元々自分達がライヴイベントをやる時に手伝ってくれていたビーという女の子がいた。

彼女は料理も上手なんだけど、ちゃきちゃきと動ける子で、元々白金の方のカフェで、ほと

んど店長クラスをやっていたから、店をどう回したらいいかとか、どうやったら効率よくできるのかっていうことが凄く分かっていた。店をどう回すか、というシンプルなこと自体、分かっちゃいなかったから、その辺のことは、ビーに教えてもらった部分が多い。ダブルシンクの使い方みたいな根本的なことすら分かっちゃいなかった。本当に彼女からは教わることばかりで、何も教えてやれなかったなぁ、と思っていたけれど、5年ほど前、結婚して旦那と共に淡路島に移住して、数年前にベジにも対応した食堂「毎日食堂」を始めた様子。まだ一度も行けてないけれど、ブログでメニューを見る限り、時々なぎ食堂で作っていた料理を出しているところを見ると、「あぁ、少しは役に立ったのかな？」とほっと胸をなでおろしている。

「料理ができる子じゃなくてミュージシャンの子ばっかりが働いているんでしょ？」って言われることもあるけれど、店の初期の段階で、そういう能力のある子が下地を作ってくれたことが、店の強みになったのかもしれない。卓越したプロフェッショナルはいなかったかもしれないけど、プロに近いレベルで働いてたスタッフの子達に教わったことは、もの凄く多い。本当に、ただただ運がよかったな、と思っている。

＊63：個人で作った本や雑誌のこと。同人誌。
＊64：1996〜1997年に結成された、植野隆司とさやから成る日本のポップユニット。日本以上に世界的な評価が高い。

＊65：東京を中心に活動する、藤村頼正、夏目知幸、菅原慎一、大塚智之の4人から成るロックバンド。

＊66：埋火（うずみび）を経てMANNERS、百々和宏とテープエコーズなどさまざまなユニットで活動するシンガー・ソングライター。

＊67：上海出身、日本で育ちのシンガー・ソングライター。これまでに2枚のアルバムを発表。バンド編成やソロでのライヴや楽曲提供、プロデュース等の活動も行っている。

＊68：1987年神奈川県出身のシンガー・ソングライター。オルタナティヴロック・バンド、マリアハトやアニス&ラカンカでも活動している。

＊69：2008年9月15日に破たんしたアメリカの大手投資銀行、リーマン・ブラザーズが引き起こした世界的金融危機。

＊70：主にアメリカにおいて貸し付けられるローン商品のうち、サブプライム層よりも下層に位置付けられるもの。

＊71：主にインド料理で用いられているミックススパイス。含まれている主なスパイスは、シナモン、クローブ、ナツメグだが、店それぞれの味があり、それが個性となっている。

＊72：両輪ともにブレーキが装備されていない状態で乗られている、競技用の自転車や固定ギアのこと。

第八章　家族、店、社会、価値観の変化と3・11の衝撃

子どもの入院で、初めてきちんと子どもと向き合う

今考えたらもう、顔から火が出るほど恥ずかしいことだけれど、ある時期まで、自分は自分のことを、どちらかというと「いい父親」だと思い込んでいた。実際、毎日数時間子どもの面倒もみてるつもりだったし、家事だって料理や洗濯もやってる。子どものことに関しても、嫁さんといつも話し合って、一緒にいろんなことを決めたりしている。子どもだって自分のことがとても好きで、とてもいい関係……と勘違いしていた。

長男が紫斑病性腎炎になって入院した時のこと。嫁さんが下の娘の世話もあって、自分が丸々1日、いや、夜は付き添えないので半日、子どもとベッドでゴロゴロしたり、本を読んだり、あやしたりして過ごした時に、「あ、オレ、何にも子どものこと考えてなかったやん！」と、はっきりと思った。子どもと遊ぶとはいえ、それまで細かな世話はほとんど嫁さんに任せていて、家に帰ってきた時にちょっとの間だけあやしたり、外に連れて行って1時間ほど走り回ったり、自分の都合のいい時間だけ、子どもと楽しんでいたんだっていうことに気付いたのだ。

ただ、子どもと二人っきりで8時間を越えてずっと一緒にいると、もう、へとへと。他のことなんて何もできない。もちろん、「子どもといる間に他の仕事したらいいんじゃない？」と思われるかもしれない。でも、できないもんなんだ。そんな他のことができる体力を子どもは

残してくれない。その頃、息子はちょうど魔の三歳児、半日一緒にいるだけで、「もう許して！　勘弁して！」っていう気持ちになる。よく母親が「子どもに生気を吸い取られる」って言うけれど、それがようやく分かった。

もちろん、付き添いが終わる夜の9時になり、帰る時はとても切なくて悲しいのだけれど、体力的にはヘトヘト。今思い出しても、どうやって帰ってきていたか分からないほどヘトヘト。で、そんな形で2～3ヵ月子どもと過ごして、子どもが踏ん張ってようやく退院。その時に、「あぁ、もっと子どもとちゃんと向き合わなくちゃダメだわ」と心に決めた。

店はもちろん大事だし、金は稼がなくちゃいけない。そこをちゃんとしなくちゃいけないのは分かっているけれど、子どもが幼稚園や小学校に上がる前の何年間という時期に、ちゃんと向き合って生きなくちゃダメだ、と強く思った。よく子育てが終わった人に、「子供と一緒にいれる時間なんてほぼないんだから、それを大事にしなさい」とか説教を受けるけれど、そんな甘いことじゃなくて、たぶんここで子どもとちゃんと向き合わないと、自分は永遠に父親にはなれないんじゃないか、という根本的な不安を感じたのだった。嫁さんは、毎日24時間ずっと子どもと向き合うことで、勝手に母親へと成長できていた。ただ、自分は子どものために何一つ自発的に変われていないってことに、嫌というほど気付かされたのだった。それからしばらく、仕事は二の次で、子どもとの生活をどうしていこうかと、本気で考え始めたのだった。

幼稚園の存続問題で、初めて社会運動に関わる

息子の病気がほぼ完治して、翌年の春に目黒区立の幼稚園に入り、「あぁ、ようやく落ち着いていろんなことが考えられるな」と思っていた矢先、その幼稚園が数年後に廃園になるという話が持ち上がった。それを聞いて、まず嫁さんがブチ切れた。「ようやく楽しくやれそうなのに、下の娘が行く頃には幼稚園がなくなるって、どういうこと?」

正直、その頃は店ももちろん大変な時期だったんだけれど、それ以上に自分の家庭をニュートラルに戻そうとやっきになっていた部分もあった。それゆえ、自分は幼稚園の話を聞いた時、最初は「なんか面倒なことになったなぁ」位の気持ちだった。けれど、よく調べてみると何か話がおかしい。「保育園が足りない!」なんてことは、子育てをしていなくても知っている常識なわけで、そんな状況なのに、区立幼稚園の定員が余ってるから廃園にする、っていうのは、何だか筋がおかしいということに気付いた。そこで、自分たち夫婦は「区立幼稚園を守る会」

を立ち上げて、区に対して陳情を行なうことを決めた。

元々、社会運動には興味があって、高校から大学にかけて、時折デモだったり、集会だったりに足を運ぶことも、少なからずあった。ただ正直、自分の生活にリアルに直結しているわけではない社会運動に違和感を感じて……まぁ、正直言えば団体の嘘くささに辟易して……20歳を過ぎた頃から意図的に距離を置く様になっていた。

ただ、結婚して子どもができてから、自分の生活が「個人」で成立しているのではなく、「家族」をベースに成立しているがゆえに、社会的状況といやがおうにも関わらざるを得ないことに気付き始めていた時期だったのだと思う。自分達の為に社会と対峙することはそんなになかったかもしれないが、子どもの未来の為だったらと、体が自然に行動し始めていたのだった。

後から分かったことなのだけれど、区立の幼稚園を潰そうとした理由は、近隣の私立幼稚園からの圧力だった。少子化傾向もあり、10年以上前、目黒区でも子どもの数が急速に減っていた時期があった。そんな減少傾向下で、私立の幼稚園が顧客数を減らさない為に、安くて環境のいい区立の幼稚園を廃園にする様に教育委員会に働きかけた、というのが事の真実。確かにそれは分からないでもない話。公が民間企業を圧迫をしてはならないのは当然だ。ただ、区や教育委員会は一つ大きな間違いを犯した。10年前の予想に反し、7年ほど前から目黒区は驚異的に子どもの数が増えていたのだ。10年前の「ゆっくりと減少方向」という予想は完全に外れてしまっていた。

公の仕事の一番ダメなところは、一度方向性を決めて進み始めたら、誰も止めることができなくなること。子どもは年間約120％近い増加率で増え、この区立幼稚園を廃園にする予定の時期には、保育園待機児童どころか、幼稚園にも確実に待機児童が生じることが、簡単にシミュレートできた。それらに関して具体性のある資料を山ほど用意し、向き合ったにも関わらず、目黒区側は、

「もう決まってしまっているので変えられません」

の一点張り。説明会でも当時の教育長が質疑応答時間を減らす為に、延々と無駄なしゃべりで意図的に時間切れにする様な小汚いやり方で逃げ、結局区議会で廃園が決定してしまった。

自分達夫婦は、初めて社会的な運動をしてみたことによって、自分達は何て馬鹿だったんだろうと気付かされた。陳情のやり方自体も全く分かっちゃいなかったし、理不尽な形で大切なものが平気で壊されていくということが当たり前にある、というのを肝に念じた。したたかな自治体のやり方に対して誠意を持って向き合えば何とかなる、なんて甘い考え方をしていた反面、今の自分達の経験値があれば、廃園も阻止できたんじゃないかとさえ思っている。

ただ、陳情を含めた社会的行動を始めるのは思ったより簡単だということも分かった。公に対する怒りはもちろんあるけど、自分達の無知っぷり……政治や地方自治がどの様に動いているものかさえ全然知らなかったことを、ただただ反省した。それ以上に、社会っていうものとまともに闘わなければ、自分たちの権利はどんどん奪われていくものだということを思い知っ

た数ヵ月だった。

また、自分達みたいなインディペンデントな人間は、自分で自分の身を守らなくては、誰も守っちゃくれない、ということ。そしてインディペンデントと言えども、社会の中の存在であって、社会を切り離すのではなく、もっと社会と接したり、現場に足を踏み入れていくべきであって、なぎ食堂の名前に記されている様な「波風立てたくない」なんて気取ったことを抜かしてちゃダメだな、と改めて思った。

その頃、嫁さんに、

「何でこんな運動とか大嫌いなはずの自分が、率先して動いてるの?」

と聞いた時、

「将来、世の中がめちゃくちゃ悪くなった時に、子どもに、『何であの時、反対してくれなかったんや?』って言われたらめちゃくちゃ腹立つやん。だから今やる」

と言っていたことを忘れない。あぁ、その通りだな、と。だからその時、自分も今立っている場所でちゃんと生きることを考え直した。それまでは、「あと3年位で東京を離れて……」とか、言ってみれば社会を軽く見ていた部分があった。ちゃんと地に足を付けてやらなあかんな、と。

酒をやめて気が付いたこと

２０１０年の夏の終わりにアルコールを断った。いきなりの断酒。それまでは、お恥ずかしながら「酒なくして何の人生よ！」位に思ってて、店で夜に仕事をしている時も、少し酒を飲んだりしていたほど。もちろん、仕事が終わったら酒を飲み続けていた。とにかく、アルコールに完全に依存している様な人間だった。「酒を飲むのが楽しい！」っていうのももちろんあったけれど、アルコールなしでは、初めて会った人とまともにしゃべれないんじゃないか、という、そんな恐怖心さえ、当時はあった。

店を閉めてから酒を飲み始めて、そのまま店で寝て朝を迎えることもしばしば。酔っ払って、どこかの道端で寝ちゃったりすることもあれば、買ったばかりの電動アシスト自転車に乗って帰って、酔っ払ってどこに停めたのか分からなくなってタクシーで帰り、嫁さんに、

「どうするつもりやねん！」

と怒られまくったこともある。

「申しわけない。もういたしません」

と何度も謝ったものの、

「次やったら許さへんからな」

と、きっぱりと引導を渡されていた時のこと。

ふだんは12時過ぎに仕事を終え、1時前に家に着いて、ごはんを作って食べて寝るのが基本的な生活パターンだった。疲れているのだからさっさと寝ればいいのに、ストレスもあってか、口に物を入れないと落ち着かなかった。簡単なものにしていればよかったのだけれど、何か作ろうとしていて、わざわざコンロを二口使って料理をしようとしていた、らしい。らしい、というのは、もちろん自分は酔っ払っていて火を付けたまま眠ってしまって、何も覚えちゃいなかったから。ただ朝方、嫁さんが起きてきて、

「部屋が暑い！」

と起こされた。すると片方のコンロにずーっと火がついたまま、水もなくなって空焚き状態。部屋一面に熱気がこもりまくって、もはや火事になる一歩手前だった。

「あんたが死ぬのはいいけど、子どもや私が死ぬのは嫌や。酒やめるか、離婚か、どっちか決めろ！」

と嫁さんに言われて。

「うーん……」

と悩んでたら、

「そこ悩むところちゃうやろ、酒やめろ！」

と。その日以来、あれほど好きで好きで仕方がなかった酒を断つことになった。

アルコールを断って早6年、自分の中で酒って何だったのかなって考えると、それは嗜好品

じゃなくて、コミュニケーションのツールだったんじゃないか、と思っている。酒を飲んだら幸せになって、人と楽しく話せると思い込んでいた。でも、気が大きくなった分、感情が高ぶったり、けんかしたり、平気で人の悪口を言っちゃったり。人を傷つけることもたくさんやってきていた。酔っ払った次の日の朝、少し痛む頭で、「あぁ、昨日もやっちゃったよなぁ」とぼんやり思い出しながら自責の念にかられる日々。なのに、今から考えるとその時はそんなこと、何も反省していなかった。

うちの店はベジだけど、一番最初のコンセプトは「酒が飲めるベジ屋」。それゆえに、働いてる人間が飲んだり気持ちよくしてないと、皆、お酒を飲まないと思って……。いや、もちろんそれは酒を飲みたい言いわけなんだけれど、勝手にそう思い込んでいたわけ。ただ、酒をやめてから最初の1ヵ月位というもの、禁断症状で手が震える、なんてことはなかったけれど、思う様に人としゃべれなかったり、人前に出ると緊張して怖くなったり。店でも料理を作るスピードが一気に落ちたり。「わぁ、これは困ったなぁ、ヤバイかも」って思っていたものの、1ヵ月を過ぎた頃に、一気に状況が変わってきた。酒を飲まない方が仕事のテンションもキープできるし、人と落ち着いて話ができる。何よりも夫婦間のけんかが減った。あと、当時ふくらはぎがむくんで階段を上るのも痛かったけれど、ようやくそれが人並みに戻った。

そして何よりもよかったのが、酒の呪縛から離れられたこと。人によるだろうけれど、人間って、自分の勝手な思い込みでそれが正しいと信じ込んじゃってることって多いんじゃないか、と。自分にとっては「酒がないと自分じゃない」と思い込んでしまっていたこと。でも、やめてみると、実はそれって特に必要じゃなかったんだ、とようやく気付いた。酒をやめても、ふつうに自分は会話できるし、物事も考えられる。例えばベジのこともそうで、よく「肉を食わないとパワーが出ない」とか言う人がいるけど、肉を食わなくてもパワーは出るもんだ。でも、そう思い込んでいるから、パワーが出ないってだけ。ちょっとの気持ちの違い。結局、依存しているだけなのだと。

個人的にも20数年前にタバコを、12年前に肉食をやめて、6年前にアルコールを摂ることをやめた。そんな経験から思うのは、何かを「やめる」っていうことは、何かを「始める」よりも簡単で、効果も大きいんじゃないか、ということ。

もしあの時にアルコールをやめられてなかったら、自分は酒が原因で死んでたんじゃないかな、とも思っている。アルコール起因の病気ではなく、酔っ払って事故を起こすとか、火事になるとか、けんかに巻き込まれるとか。社会的に批判され、抹殺される様なことにもなっていたかもしれない。そうならないきっかけを、嫁さんがくれたんじゃないかな、と思う。今こうして思うのは、酒って毒だなぁということ。毒だからおいしいんだろうなぁ、と思っている。

酒を飲まないお客さんの為に、夜のメニューを考え直した

飲食店の売り上げってお酒が出ないと伸びないもの。ふつうの飲食店における夜の営業の場合、アルコール関係の売り上げが全体の半分以上になるから。しかし、うちの店の場合、前に言った様に、全くもって酒が出なくて、酒代が一割にもいかなかった。これをなんとか三割まで持っていく為に数年間を費やしていた。

酒に合うつまみを作るとか、酒に合う雰囲気を作ってみたりとか。でも、自分が酒をやめた時に、「いいやん、酒なんか飲まなくても」と頭が切り替わった。それだったら、逆にごはんをたくさん食べてもらおうと思った。飲まない人の気持ちが初めて分かったというか、飲まなくてもやっていける店を目指した方が手っ取り早いんじゃないかと思い始めた。

そこから、店のメニューもテコ入れをし始めた。それまで昼のランチプレートは1種類だったのだけど、一番人気のソイミートのから揚げを単品の定食にした。でき合いのものだけに、今までは「おいしい」って言われてもそんなにうれしくなかったけれど、「結局皆が好きなんだったら、どんどん出したらええやん！」と思って。

また、夜は酒を飲む人の為にアラカルトばかりで、定食を出してなかったけれど、「カップル・デリプレート」という、二人以上できた時にがっつり食べられるプレート。そして、こんな面倒くさい場所にある店に一人できてくれた勇気のあるお客さんには、「お一人様プレート」っていうのを作ってみた。

正直、客単価的には厳しい部分もあるんだけど、そうやって一人でふらっときて、さっと食べて、さっと帰ってもらうっていうのも、当初の食堂の理念としてはありなんじゃないかと。そのあたりから、夜のお客様が増え始めた。昼はともかく、夜はお客さんの数の起伏が凄く激しかった。しかし、「お一人様プレート」効果で、一人できてくれるお客さんが凄く増えて、ようやく夜の営業が安定し始めた。

それでも毎年、11月の売上げが下がる。リーマンショックの年から毎年、11月が落ちる。それでも前年に比べたらかなりましなレベルになっていて、「あぁ、よかったなぁ」と思ったのが、店を始めて3年目が過ぎた頃。そして、調子が上向きのまま、ついに2011年の春を迎えることになった。

3・11、家に帰れない人達が店に集まってきた

2010年の年末、北口くんと共に、この調子で行けたら、「そろそろいろんなことができるかなぁ」と話をしていた覚えがある。ちょうどその頃、それ以前に働いていたスタッフの子

達が、次々と結婚したり出産したりして店を離れ、王舟や森ゆにあたりの、まだ20代の若い子達が入ってきた。そんなこともあって、自分達の中でも新たなことをやろうっていう気持ちが湧き上がってきていた。酒も抜けたし、気分も新たに「来年はいい年になるんやろうなぁ」と。

2011年の初頭も売上げは調子がよかったので、このままだったら今年中に次の段階にいけるんじゃないか、と思っていた。イベントも始めたいし、本も作りたいし、レーベルもがんばる。また、スタッフの王舟が、うちの店でビデオ撮影をさせてくれないかと言ってきた。なぎの店内で12〜13人位が一緒に演奏する、とても幸せなムービー（王舟「NEW SONG」）。その映像は今でもYoutube等に残っているんだけれど、撮ったのが3月の8日頃。だからそこには、とてものんびりとして幸せそうな映像が映し出されている。ただ、それができ上がったのは震災以降。だから、今見るのはちょっと辛くなってしまうのだけれど。

そんな、気持ち的にちょっとイケイケになり始めた時に、震災が起こった。正直、それまでの幸せな気持ちは全部奪われた。地震発生時、自分は家にいて、自分達のレーベルのCDリリースが、この3月に4タイトルあり、その仕込みもあって、自宅で一人で作業をしていた。突如、大きなドーンという様な音と共に、部屋中がガタガタと鳴り始めた。とにかく外に出なくちゃと、迷うことなく犬を脇に抱えて、階段を駆け下りた。裏手の大きな公園から、空が真っ黒になるほど鳥が逃げていくのが見えた。「これはとんでもないことが起こった」ということに気付いた。

嫁さんと子どもは、近所の幼稚園に行っていたからすぐ迎えに行き、とりあえず会えて一安心。そうなると次は店がどうなったか気になってくる。ちょうど店には王舟と北口君がいて、

「店の方はそんなに揺れなかったから安心して」

と連絡を受ける。ただ電車が止まってしまったから、スタッフも帰れなくて困ってる。もちろん夜の営業は休むことにしたけれど、何だか心配になっていたら、

「こっちは大丈夫だから、ともかく店に行ってきたら？」

と嫁さんに言われて。子供に付いていたかったけれど、店も大事。それで自転車で渋谷の店まで一気にペダルを踏んだ。

スタッフも大変だったけれど、電車が止まって、夜に向けてどんどん寒くなってくる。店は渋谷だし、動けない人がたくさんいるという話を聞いた。だから、今日は営業はしてないけれど、「帰れなくなった人の休む場にしよう」と決めた。仕出しも考えたけれど、こんなどうかしている状況だけに、いつもと同じ様にふるまおうと思った。

それで、twitter に、

「もし渋谷近辺で帰れない人がいたら、なぎ食堂にきてください。営業はしてないけど、おにぎりとお酒位は出せます」

と告知をした。スタッフは、その日バイトで入る予定だった森ゆにちゃんが、「一人暮らしで、家が揺れて怖いので」と店にきたので手伝ってもらった。店を開けてみると、ぽつりぽつりと

人がき始めた。とりあえず渋谷まで歩いてきたけれど、そこから先動けなかった、友人でライターの村尾泰郎さんのご夫婦やフミヤマウチ君、toddleっていうバンドの小林愛夫婦とかが疲れた顔でやってきて、気付いたらほぼ満席になっていた。

夜の11時頃になっても電車も全然動かないし、東北ではとんでもないことが起きていたし。それで、ようやく11時半頃になって電車が動き始めた。皆、「ありがとうございます。それじゃそろそろ行きます！」と店を離れていった。結局、自分が店を閉めたのは、深夜の2時頃だったんじゃなかったっけ。その時、「店や場所があると、こんな狂った状況でさえも、皆こんなにほっとするんだ」って思ったもの。灯りに虫が集まってくるみたいな、そんな感じ。皆、口数はそんなに多くはないけれど、お互い寄り添ってる様な。とにかく「場所がある」っていうのは凄いことなんだ、と。本当は、家族も心配なので一刻も早く帰りたかったけれど、家族からは逐一メールをもらっていたから安心できてもいた。

その日は金曜日で、翌日はこんな状況で営業は無理と判断し、休日の日曜日と共にお休み。「月曜日にはオープンします」っていう張り紙だけを残して、深夜、一人店を出た。

不安の中での開店。人がつながる場を持つということ

週末、家でずっと見ていたテレビの中では、原子力発電所がえらいことになっていた。信じられない世界が、はっきりと映し出されていた。それでも、週明けの月曜の朝、自分は店を開けに出かけることにした。

頭の中は「どうしよう、どうなるんだ?」と、パニクっている状態。だけど何か動かないと逆に不安で押し潰れそうだった。スタッフには「休んでいいよ」と伝えて、自分一人で12時にオープンしてみると、近所の店で働いている方だったのかな、お客さんがたった4人だけどきてくれた。ただ、その4人が帰った後、静かに店を閉めた。もう無理だと。もう、これ以上やらなくてもいい、と。店内を軽く掃除した。そして、次にいつオープンできるか分からないので、とりあえず「しばらくお休みさせて頂きます」とだけ貼り紙をした。店を出る時、「あ、もう二度と店を開けられないんじゃないかな」と思った。鍵を閉める時「さよなら」と店に挨拶をした記憶がある。もう東京は終わっちゃうんじゃないか、と思っていたから。

休んでいる間も、結構忙しかった。先に述べた様に、その3月には、レーベル活動を久々に復活させるということで、かえる目の『拝借』をはじめ、4タイトルをリリースすることを決めていた。ただ、CDのプレス工場自体が壊れてしまい、発売を延期せざるを得なくなってい

た。店を閉めている数日間、それらの手配や連絡を延々とやっていた記憶がある。また、同じマンションの下の階の知り合いが、

「店はどこも閉まってるから、もしよかったらカレーでも作ってくれませんか?」

とやってきた。店に残った食材は、店を一度閉める時に全部自宅に持ち帰っていたので、二つ返事で引き受けた。また、同じマンションに住んでた75歳位の一人暮らしのおばあちゃんと、

「不安だけれど、鍋をやろう」

と皆で寄り添って鍋をつついたりしていた。結局、店は5日ほど休み、週末には開けることにした。ちょうど計画停電だなんだで、いつもはギラギラに眩しい渋谷の街が、何だか物理的にもの凄く暗かった。


　店を再開してすぐに、「だめだ!」ともう一度潰れそうになったのは、都内の水道水に放射能が検出されたこと。ごはんを炊こうにも水が使えないという状況に、手も足も出なくなった。その時に近所の仲よしのパン屋さん、フラッフィーが、放射性物質をある程度除去できる浄水器というものを使っていて、そこで水をもらい、米を炊いた。しかし、食べ物屋にとって「食べ物が汚染される」という恐怖感と絶望感は、並大抵のものじゃなかった。

　ただ、場所を持つ人間の責任みたいなものを感じている部分もあったのかもしれない。正直、自分は家族と共にどこか一時的にも避難したいという気持ちもあったのだけれど、その場所を求めてくる人の為に、店を開けなくちゃいけないというのはどこかにあった気がする。まだ余

震が続く中、かえる目の発売記念ライヴも敢行した。それをやめなかったのも同じ気持ちからだと思う。ライヴ中に余震が起こった時も、皆顔を見合わせて、「今の地震、大丈夫か?」みたいな感じだった。

もちろん怖いんだけれど、どこかそこにいる人達の心が一つになっているのもあり、とんでもない事故が起きてしまったけれど、「人と人とのつながり」という部分で考えれば、何かを見直すきっかけになったのかもしれない。福島等で避難をしている人達にしてみたら「そんな余裕の話をされても…」と思われるだろうけれど、コンビニでさえ暗い、灯りが落とされた都会の中で、十字路の角にあるうちの店がぼんやり明るいのを見てたら、何かちょっとだけ幸せな感じがあった。

未来のことどころか、ちょっと先でさえ全く見えない代わりに、目の前のものを一つ一つ片付けていくような感じ。3・11の前の「世の中と上手くやっていこう」っていうのとは全く違う感覚。2016年の今、揺り返しで何だかそれ以前よりももっとダメになっている気もするけれど、やっぱりあそこで気持ちが切り替わった人は多いと思う。それがうちの3・11。

安全な食材はどこから仕入れる? 飲食店の苦難の日々

震災の4日目頃から「東京にも放射性ヨウ素が飛んでいる」という情報が流れたり、3月16日に天皇陛下のメッセージがテレビで放送されたりした時に、「あぁ、これで日本は終わるってことか」と思った。その時に感じた鬱々とした気持ちは、今もずっと続いている。

震災以降、店にとって一番大変だったのは、食材を調達することが難しくなったということ。それまで玄米は茨城から仕入れていて、とてもおいしかったのだけれど、震災後の新米以降は「本当に申しわけありません」と深く謝って、仕入れるのをやめた。なおかつ東北の方の野菜もちゃんと状況が見えるまでは仕入れることはできない。生産者さんはかけらも悪くないけれど、自分達はそれを買ってお客さんに出すことはできない、と思っていて。それで本当に困ってしまった。どうしたらいいんだろうと。その頃、うちの店で使っていた野菜は、生産者から直接仕入れたりはしていなかったから、店を駈けずり回って、少しでも西の野菜を仕入れる様にしていた。米は京都の友人から仕入れたり、奈良の友達のところから送ってもらったり。

食べ物や水が汚染されるっていう現実は、それまでは考えもしなかったことだった。もちろん、農薬や生産環境に関しては基本的に注意してはいた。けれど、目には見えない、でも体に蓄積されていく毒というものが世の中に振りまかれていて、自分達に降り注いでいる様な、SFの様な世界を生きているわけで。自分達で安全なものを仕入れる方法を本気で考えなければ、店を維持することはできない。逆にちゃんとそれを維持することが確実に信用につながるということで、できる限り努力することにした。

その頃知り合った、奈良在住のneco眠るのキーボーディスト、BIOMAN君のところから野菜を仕入れ始めることにした。彼が作っていた野菜もあるけれど、彼の母親が働いている「奈良農民連」というところで、その日その日のよさそうなものを箱づめにして送ってもらう、という形。今でもうちで使っている野菜の1／3位は、その奈良から送ってもらっている野菜だ。全てがオーガニックというわけじゃないけれど、生産者さんから直接買い上げたもので面白そうなものを選んで送ってくれている。

将来的には、現地の農家さんとコミュニケーションを取って、直接仕入れたいとは思っているんだけれど、なかなかその関係性を作るまでの時間が取れない。ただ、この頃は飲食店を続けるか続けられないかっていう瀬戸際、とにかく「安全な野菜を使って、作れるものを作る」という発想で、日々、デリを作っていた。また、新鮮な野菜が手に入れられなかったので、あえて乾物だったり、雑穀類で何ができるかを本気で考えた。その時、知恵を振り絞って毎日料理を作っていたその苦労は、今にも十分息づいていると思う。

反原発デモに参加。店、家族との狭間で

震災でお客さんはガクーンと減ったけれど、リーマンショックの時よりはまだマシで、逆にこの店は食材の仕入れ先を少しは考えているであろう、と思ってくれたみたいで、なんとか維持はできる程度のお客さんがきてくれた。ただ、外国人の方は本当に激減。その分はそのまま店の売上げを下げた感じになっていたのが2011年。

その年の夏前頃には、自然発生的に反原発運動の動きが出てきた。実は震災のちょっと前、野間（易通）[*73]さん、久保（憲司）[*74]さんと音楽関連のオーラルヒストリー本を作ろうという話が進んでいて、野間さんが店に何回か店にきてくれていた。ただ、震災があってその話は立ち消え。その後、野間さんは音楽関係以外の活動で大変になっていったし、自分もそんなことをやってるような余裕はなくなっていた。

店の仕事はもちろんだけれど、デモだったり、抗議行動に参加せねばと思う様になっていた。数年前の、区を相手にした陳情以降、自分達みたいな人間でもちゃんと社会に関わっていかなければならないっていう認識があったし、嫁さんも「絶対行かなくちゃ」と、新宿や渋谷近辺でデモがあるたびに子連れ（時には犬連れ）で参加していた。ある時、まだ反原連[*75]（首都圏反原発連合）という名前がない最初期段階で、野間さんから連絡があった。

「今度渋谷でデモをやるんやけど、その後のミーティングをなぎ食堂でやらせてもらえないですか？　おにぎり1個とお酒位出してくれたらいいんだけど」

と。もちろん快諾。

その時のミーティングを仕事をしながら見ていたけれど、皆、喧々諤々だった。先が全く見えない様な状況の中、以前から市民デモや運動をやってきてた人もいれば、デモなど行くこと自体初めて、という人もいた。そういう人達が、これから先どうしたらいいかということを真剣に話し合っていた。もちろん、自分もそこに参加したかったけれど、その時に一つ思ったことがあって。自分にはまだ手のかかる小さな子どもがいて、店もある。もちろんデモには参加して小さなコマの一つとして動きたいと思ったけれど、自分達でデモを主催したり、彼らの様に先頭切って何らかの行動をするっていうことはできないんじゃないか、と。

震災から1ヵ月半位の頃だったか、福島育ちということもあり震災以降、福島関連の活動で飛び回っていた大友良英さんが、近くで打ち合わせがあったから、ということで夕方頃、店にひょっこりやってきたことがあった。もう信じられない位、げっそり痩せてしまい、

「大変なことになっちゃったよね、小田君。どうしたらいいか分かんないよね」

って駆け込んできた。

「大友さんこそ、そんなに痩せて、お体大丈夫ですか？」

と言ったら、

「でもさ、向こうの方が大変だからしょうがないよ。本当に大変だよ！」

とだけ言って、次の場所に走って向かっていったことがあって。

そんな風に、ちゃんと考えて行動してる人達に対して、何もしていない自分は何だか申しわけない気持ちでいっぱいだった。嫁さんは、

「福島とかにボランティアで行きたかったらいつでも行って。子どもは大丈夫だから」と毎日話し合ったりしていたけれど、自分には店もあるし、店が維持できなければ死んでしまう。もちろん、どこかへ移住するっていうことも考えたりはした。でもとにかく、自分はとりあえずこの場所でちゃんと仕事をするしかないと決めた。今、やるべきことは、家族と一緒にいることと店を守ることだと。結局、週末のデモと金曜日の官邸前での抗議行動[*76]に足を運ぶ位しか、他に何もできなかった。

本当にあのタイミングでさまざまな行動ができた人を本当に尊敬している。2011年は、そんな日々の生活を守ることで精いっぱいで、特に後半に関してはほぼ記憶がない。それほどバタバタが続いていた。

その時は〝対岸の火事〟だった。身近な人達のがんのこと

九州のミュージシャンで、ガロリンズ[*77]っていうバンドをやっている藤井よしえさんという人

がいた。この15年ほど、九州の音楽シーンが極端で面白いのは、よしえさんがいてくれたから、とみんなが口を揃えていうほど影響力のある人。自分達でバンドをやるだけでなく、雑誌を作ったり、イベントをやったり、ライヴハウスをディレクションしたり、旦那さんとカフェをやったりっていうエネルギーのある人で。九州の30代以上のミュージシャンは、全員お世話になってるって言ってもいい位の人だった。ニカさん（二階堂和美）の「お別れの時」っていう、とんでもない名曲は、そのよしえさんに捧げられた曲。

そのよしえさんが、2010年の秋にガンで亡くなられた。自分は直接よしえさんと会って話したことはなかったけれど、共通の知り合いがたくさんいて、本当に尊敬していたし、いつか話すことがあるだろうなと思っていた。そのよしえさんが、闘病中からずっとブログを書いていて、そこで「ミュージシャンはがん保険に入りなさい」と言っていた。ちゃんと保険に入っておかなくちゃ、がんと闘うこともできないよ、と。

その後の2012年頃、うちの店の近所にあり、オープン当初からずっと仲よくしていたフラッフィーさんというおいしいパン屋さんがあって。うちで働いている子が、そこの店でも兼務するということが結構あったのだけれど、そこの店長さんに、2012年の年明け早々、

「私、乳がんになっちゃった」

と言われた。何だか愕然として。

境遇が近いだけに、本当に他人事ではなかったけれど、まだ自分にとっては対岸の火事だっ

たのかもしれない。ただ、彼女が店をどうしたらいいかって悩んでいたので、

「手伝えることがあれば、何でもするから」

とは伝えていた。そんな闘病中の彼女からも、

「絶対にがん保険に入らなくちゃダメ」

とはっきり言われて。そしてその晩に、夫婦でがん保険に入ることに決めた。

震災があり、正直将来が見えない状態だった。2012年に入ってからも、だいぶ東京を離れて移住する話をしていた。でも、子どもがいて、嫁さんがいて、犬がいて。それだけでめちゃくちゃ幸せな感じがあった。放射能が振り注いでいるかもしれないけれど、晴れ渡った青い空の下で、家族一緒に裏の公園を散歩していた時思わず、

「こんなに幸せでいいのかなぁ、オレ達」

という言葉が口をついたことがあった。経済的にも大変で、未来も見えない。でも、本当にあの時の一瞬は、自分の人生の中で一番幸せな時間だったと確信を持って言える。

＊73：1966年兵庫県出身の編集者。音楽誌の編集等を経てフリーランスに。近年では、レイシストをしばき隊（現・CRAC）の主宰や首都圏反原発連合等、社会運動に関与している。
＊74：1964年大阪府出身の写真家、音楽評論家。1980年代から、主にイギリスやアメリカのロックシーンについての寄稿や写真提供などで活躍。近年はデモ等の社会活動にも関与している。
＊75：反原発を掲げた市民グループや個人の有志のネットワーク組織。福島第一原子力発電所事故後の2011年9月に

発足した。

＊76：首都圏反原発連合を中心に2012年3月から始まった抗議デモ。2012年夏には、参加者が最大で20万人となったといわれている。

＊77：藤井よしえを中心とする3人組のガールズ・パンクバンド。

第九章　一進一退の店経営。そんな中、目標を見失う

２０１２年秋、店を売る話が浮上

店の売上げは一時期より上がったとはいえ、何だか頭打ち感もあって少し悩んでいた頃、なぎ食堂の裏方を一手に引き受けてくれている北口君から、

「小田さん、店売っちゃだめかな？」

と、告げられた。「えっ！」と思いつつも、正直、震災の後から自分も移住を考えていただけに、もし、なぎ食堂を売却するということであれば、これを機に東京を離れてどこかへ移住するってことを考えてもいいんじゃないかと。それ以前に、北口君には、本当に売上げが伸び切らないこの店をずっとパックアップしてもらっていて、何よりも彼がやめたいと思うんであれば、悩むことなくやめる覚悟は最初からできていた。ただ、店を閉店するんじゃなくて、店の経営の権利を他の人に売却か譲渡するっていうことを検討し始めた。

するとしばらくして北口君が、なぎ食堂に興味があるっていう人を見つけてきた。数日後、自分達と購入を検討しているその方と3人で話をすることになった。気持ち的には、こちらが投資してきた分と＋α位回収できて、ちゃんとペイできるんであれば、店を売るつもりになっていた。その時点で個人経営で5年位、そこそこ話題になりながら続けていたこともあり、結構高い価格で売れそうな雰囲気もあった。

買主候補の方は、自分達よりも若くて、少しやり手な雰囲気。正直、周りにはあまりいないタイプ。やたら口数は多いけれど、何だか上っ面で、全然心に入ってこないしゃべり方。

「いや、先日うかがったんですけれどね。いい店だと思うんですよ。でも、こうやったらもっとお客さんきますよ。何だか結構損していますよ！」

みたいな。どこかの経営セミナーで聞いてきたかの様な安っぽい話で、+αのお客さんを集めるにはこうこうで、みたいことをずっと言っていて。公式サイトを作って、ちゃんとカメラマンに撮ってもらった写真を載せるだの、電話番号は050始まりじゃなくて、03の番号を取った方がいいとか、クソしょうもないことばかり。何よりも、料理の味自体やヴィーガンっていうものに対する興味が全くないことに、かなりがっかりしたもの。面倒になったので、

「じゃあ、おいくらで買ってくれるんですか？」

と切り出してみた。すると、

「うーん、実は最近、もう一軒買った店があるんですよ。だからすぐにまとまった現金が手元にない。例えば月払いでどうですか？」

と抜かす。

「え？」

と、店舗経営のド素人の自分達でさえも口をあんぐり。資本投下なしで、今の形で営業を続けながら月払いするんだったら、あなたがタダで経営権と営業利益の一部を持っていくだけの話

じゃないか、と。例えば、何百万かのまとまった金を先に支払った後にそんな話をするのだったら分かるけれど、あなたのリスクは何もないわけ？　え、そんな話が世の中で通用するとでも思ってるのか？　アホか、と。

買主候補と別れてすぐ、北口君と二人で話をした。開口一番、北口君が、

「何かがっかりですよね。そんなんだったら、がんばって売上げ伸ばす様にする方がいいですよ！　あの人が言った、ちょっとだけ一理あることを反映して、売上げを伸ばしましょう！」

と。自分が思っていたことをそのまま北口君に言われた。

その話は店だけではなく、今のスタッフが働いている環境ごと権利を譲渡するという話だった。向こうはちゃんと料理を作れる人がいなくちゃ困る、という考えだったみたいだけど、正直そんなところにいる気もなかった。そこが高く売れて北口君や自分が出資した分がちゃらになって、次のことを始める資金にでもなればよかったんだけれど、一円も入らないなんて！　もちろんスタッフの仕事環境も変わるだろうし、それで誰が得をすると言うのか？

二人して喫茶店で、「これは、ナシやなぁ」と一致。その瞬間に、急にポジティヴに物事を考え始める様になった。自分達が5年間大切に育ててきた店をあんなしょうもない人達に売ってたまるかよっていう意地が、自分たちの背中を押してくれたんだと思ってる。

ちなみにあれから4年、その店舗プロデューサーが経営していた店は次々となくなっている。

スタッフの流出や自分の不在をメニューの簡略化で乗り切る

ちょうどその頃、店にいたスタッフの女の子達が次々に結婚していった。もちろん結婚したり、子供ができることでやめていくのはハッピー極まりない話で、よくぞこれまでがんばってくれた、って話なんだけれど、現実問題としては、そんなに簡単じゃない。小さな店だけに、一人一人のスタッフの能力が、そのまま店の運営に関わってくる。そんな人的な戦力を常に維持していくにはどうしたらいいだろうかっていう問題が出てきた。

もちろん自分がずっと店に入って働き続ければいいのだけれど、その頃は自分の中で家族のプライオリティーが一番上になっていて、ずっと仕事をし続けるというよりも、貧乏でも家族との時間をできる限り作ることに費やしていた。それゆえ、この先どういうふうにスタッフを配置していけばいいんだろうか、と考え始めた。5年目にして、ようやく。

うちの店で7年近く働いてくれている、木下和重君という、かえる目でバイオリンを弾いてる人がいる。彼は自分の仕事は週3と決めていて、意図的にそれ以上は入らない様にしている。残りの時間は自分の創作だったり、他にやるべきことを考える為に費やしている。だから能力はもちろんあるんだけれど、彼の様な人には、店長の様な責任のある仕事を任せることはできない。また、能力のある子がどんどんやめていって、新しく入ってくれた人達は、まだオリジナルの料理の調理にまでなかなかいけない。

考えた挙句、料理自体をシンプルにしていこうか、という結論に至った。今まではスパイスやハーブをたくさん入れたりとか、工夫したものが多かったんだけれど、もっと基本をシンプルにして、誰でも作れるレギュラーメニューを10品ほど考えた。すると、頼めば皆、結構できるもので、ある程度の仕込みを手際よくやってくれる様になった。

また同じデリメニューでも、安定しておいしければいい、というお客さんも結構多いらしいということが分かってきて。自分は毎日違う食べ物が食いたい人間なんだけれど、世の中の人は結構そうでもない。常にレギュラーでおいしい物がある安定感、店を続けていくってことは、そういうことなのかもしれないなぁとも思い始めた。

そんな試行錯誤もあってか、お客さんの方も徐々に調子が戻り始めていた。２０１２年の後半位から、震災で日本を離れていた外国人のお客さんが、日本に戻ってきてくれた。少しずつ少しずつ、日常を取り戻し始めた感じだった。

幸せの価値観が変化していった時、嫁さんががんになった

震災を越え、前章で書いた通り、自分の中で幸せの価値観が大きく変わり始めていた。例えば、自分が何をやりたいかとか、こんな夢があるとか、世の中こうなったらいいのにとか、そういう理想みたいなものはもちろん今でもあるけれども、そんなものは二の次三の次で、とにかく自分達家族が楽しく過ごすことが、一番の幸せになっていた。

大学生の頃、ちょっと嫌いだったものがある。サラリーマンのお父さんと家族が、日曜日の晩に王将とかファミレスで一緒に楽しそうにごはんを食べてること。「せっかくの日曜日、もっとうまいとこに連れて行ってやれや。そうじゃなかったら、家で家族で楽しく飯食ったらええやん」と。でも、そういうのは、世の中を分かってなかったクソガキの言葉。そんな特別じゃない位のごはんを皆で楽しく食べられる、ということの幸せが分かっちゃいなかった。

どうせ生まれてきたんだったら、いろんなことした方が面白いとか、楽しいとかいう気持ちが強くあったんだけれど、そういうものも震災で全部流れちゃっていた様な気がする。だから仕事とか店とかに対しても、「大きな成功なんていらなくて、ただこれを持続できたらいいなぁ」というふうに考える様になっていた。

そんな気持ちで日々を過ごしていた2013年の2月、突然、嫁さんが体調を崩し検査、調べてすぐに、それが食道がんだということが分かった。あまりのショックでそのあたりの記憶がないのだけれど、がんのステージがかなり高かったこともあり、最初の1ヵ月位は全く寝ることもできなかった。毎日毎晩、いろんなことを調べまくって、気が狂いそうになって。いや、たぶん傍から見たら、気がおかしくなっていたと思う。まだ小さい子ども二人と犬一匹の世話をしながら、どうやって看病を続けたらいいのか、それに加えて店の方はいったいどうするんだ？　その方法すら全く分からなかった。

嫁さんががんだとはっきりと分かったその日に、店のスタッフにそのことを告げた。

「しばらく自分は何もできないと思う。悪いけどオレを助けてくれ」

「嫁さんの病気が治って、ちゃんとできるようになったら、皆のことを考える。だけど、嫁さんのがんがある程度治療できるまでは、何もできない。すまんけど、店を頼むわ」

そこから抗がん剤治療があって、6月の終わりに手術。ガン細胞を手術で取り除いて、「あぁ、良かった」となって。そこで少しほっとして、8月の終わり頃に、子ども達を実家に預け、熱海の方に嫁さんと二人で一泊だけの旅行に行った。だけどその時に彼女が、

「何か、足痛いわぁ」

と言い始めた。

「まさか転移してへんよな？」

って思ってたら……転移していた。

元々のがんが、リンパ転移していたのだ。リンパ転移すると、他のところにガンの細胞を運んでしまうから、もう、そこからはずっと、ただただ夫婦で闘い続けた。もちろん、日々の生活の中で楽しいこともたくさんあったけれど、本当に本当にきつかった。嫁さんの病気に関しては、申しわけないけれど、いまだに多くを語ることができない。

目標も夢も設計図もなくなってしまった、その日

嫁さんが入院している間、家には子どもが二人と犬がいた。長男はその時小学校2年生、下の娘はちょうど幼稚園に入ったばかり。さすがに仕事と看病、子育ての全てを行なうことはできないから、嫁さんが入院している時は、嫁さんのお義母さんか叔母さんに手伝いにきてもらっていた。だから、何とか少しは仕事に行くことができた。もちろん、仕事中もイライラしたり、ちょっとどうかと思う様な精神状態だった。

入院して抗がん剤治療したり、退院しても通院で放射線治療に行って。また入院したり……と、出たり入ったりを繰り返していた。もう正直、へとへと。でも、自分がダメな分、スタッ

フが皆、しっかりと仕事をしてくれていて、そのおかげで何とか店は乗り切ることができた。結局その間、店を閉めたのは嫁さんの手術の日だけで、その日以外は一切閉めていない。それ位、店のスタッフにおんぶに抱っこ状態だった。

それであっという間に年末になった。その年は……気が狂う様な状態だったから、毎日が信じられないほどのスピードで過ぎていった。治療の為にどこか違う場所に移住しようかとかも考えていた。阪大の病院がいいんやないかとか、久留米の病院がいいんじゃないか、とか。

ある日、「家族って本当に面倒くせえなぁ」と、正直思ったことがある。昔は一人でふらっとニューヨークとかに遊びに行って、そのまま帰ってこなかった様な人間が、今はどこにも動けない。5分たりとも自由な時間がない。「キツいなぁ」って何度も思った。でも、本当にキツいのは自分じゃない。嫁さんの方が、何十倍も何百倍も辛かったのは分かってる。

その年の正月は本当は病院で迎えるはずが、ちょっとだけ調子がよかったので、京都に帰って家族で迎えることができた。ただ、その後東京に戻ってから、ちょっと調子を崩し、そして2014年の4月8日に、彼女は天に召された。

病気が分かった2013年からの1年2ヵ月はもう、わけが分からない状態だったし、心も体もボロボロになっていた。でも、はっきり分かっているのは、病院でも自宅でも、とにかく嫁さんとたくさんしゃべったってこと。一生分しゃべりたいと思うほど、とにかくずっとずっと話し続けた。2012年の夏に「幸せだなぁ」と思えたことが、全てだったんじゃないかな、と今でも本当に思ってる。彼女は、皆に見守られて逝けたし、もちろん今も悔しいだろうけれど、決して不幸な人生でも、悲しい死に方でもなかったと信じてる。

ただ、遺された方が本当にダメになっていた。

そこからはもう、何をやったらいいのか、全く分からなくなった。自分が描いていた将来の設計図には、いつだって嫁さんがいることが前提になっていたから。今の世の中があまりに狂っているから、もっと闘わなくちゃダメだね、と。早くまたデモに行きたい、とか。子どもをこんなふうに育てたいとか、子どもは早いこと家から出てもらって、老後は二人で静かに暮らそうとか。何年後かには小さくても自分らで農業を始めたいとか、東京ではない場所で、家族で小さな店をやるとか。それは故郷でもある京都かもしれないし、もっと違う場所かもしれない。やっぱり死ぬまでにもう一度、外国に住みたいねっていう話も彼女とずっとしていた。それも死の直前まで。それが自分達の夢であり、現実だった。

ただ、嫁さんが亡くなって、自分達の夢とか目標とか、こうなりたいとか、そういう設計図が全て消えてなくなってしまった。嫁さんの死で、自分の半分が消えてなくなった様な、そんな気持ちだった。それまでの自分は、震災があろうが何があろうが、店も人生も、嫁さんと家族がいれば、乗り越えられる。夫婦で1セットだったということを、その時知った。

東京に留まらせたお義母さんの一言

元々自分はだらしないというか、本当は何にも考えていなくて、将来何がしたいっていうのも特になく、流れるままに楽しければいいや、という感じで生きていた。ただ、嫁さんと結婚した頃から、自分の中で確実に変わってきたことがあった。一つは、嫁さんに尻を叩かれて生きる様になったこと。そしてもう一つは、それまでは何かを判断する時に、自分が勝手に判断して勝手に決めている人生だったのが、嫁さんと暮らし始めてからは、最後の判断を全部嫁さんに任す様になったこと。

仕事をやめるときも、店を始める時も、最終判断は彼女に任せていた。「やったらええんちゃう?」って言われたからやったし、もし、「それはやめとき」って言われたら、きっとやめていた。彼女の判断は、自分の判断というふうに思っていた。それを失ってしまったことが、自分の中でなかなか解決できなかった。

もちろん未来はまだまだ続くし、あと何年生きられるかは分からないけれど、子どもの為にも生きていかなければならない。店もあるし、それまでやってきたこともたくさんあるけど、そんなことどうでもよくなってしまって。何をしたらいいのかっていうことさえ分からない。10年以上自分で判断することをやめていたから。

名曲「プカプカ」を作った西岡恭蔵さんってシンガー・ソングライターが結構好きで。恭蔵さんには、KUROさんという奥さんがいて、「喫茶ディラン」という店を二人でやっていたらしい。その店に関西のミュージシャン達が自然に集まる様になり、関西のフォークシーンが始まったと言われている。

ただ、恭蔵さんが48歳の時にKUROさんが病気で亡くなられた。そして、恭蔵さんはその2年後、奥さんの三回忌の前日に自らの人生に終止符を打った。その話がずっと心の中に残っていた。もちろん恭蔵さんと自分とは全く違うし、KUROさんとうちの嫁さんも全然違う。でも、正直言って、この2年間、ずっと怖かった。もしかして、自分もそんな気持ちになるんじゃないか、と。三回忌を越えるまで、本当に怖かったのだ。ただ、自分にはまだ小さい子どもがいて、だからこそ救われたと思っている。子どもはなぜかその話が好きで、

「僕達がいるからがんばれるんでしょ？　だからもっと大事にしてよ」

なんてことを抜かすけれど。

実は嫁さんが亡くなる少し前、

「自分が死んだら、お母さん達のことよろしく頼むわ」

と言われていた。

「分かった、分かった。でも死なへんから大丈夫やで」

と約束していた。そして、嫁さんが亡くなったその日だったと思うけれど、抜け殻の様にぽかー

んとなっていた自分はお義母さんに、

「裕美に頼まれたこともあり、京都に帰ろうかなと思ってるんですが」

と相談した。その時はもう、心の中で八割方、店を閉めるか、あるいは閉めなくても誰かに預けて京都に帰ろうと決めていた。その前の数年間は店には出たり入ったりで、自分がいないことも多かったにも関わらず、店の営業も上がり調子になっていたし。ここは一つ、自分がやめた方がええかもしれんな、とも考えていた。するとお義母さんに、

「私らはまだ大丈夫。子どもの環境が変わる方がかわいそう。お母さんが死んで、家引っ越して、友達と別れて、また人生をゼロからやり直さないといけないっていうのが、かわいそう過ぎるから、東京にいてやってくれませんか」

と言われた。それはもう、あまりに重くて……一言で、

「分かりました」

と答えた。その一言で、自分はギアをまた少しだけ前に入れることができた様な気がした。

もし、あそこでお義母さんに京都に戻ることを許してもらったら、たぶん、なぎ食堂は終わっていたかもしれないし、自分の人生もまた違うことになっていたんじゃないかな、とふと思う。

第十章　子どもとの生活と仕事、そして未来へ託すこと

自分と子ども二人の生活になって

四十九日が終わり、お義母さんや叔母さんは京都に帰られて、そこからは、子ども二人と犬との生活が始まった。正直、自分一人でできるのか、全くと言っていいほど自信がなかった。かつ仕事もしなくちゃならぬ。

ただ、仕事は、お葬式の翌々日あたりから、朝いちで仕込みだけする為に入ってはいた。北口君と店のスタッフ数人と少し話したのは、自分は、昼には入れることもあるけれど、夜は子どもを家に残して仕事することはできない。だから本当によろしくお願いします、ということだけ。何という責任感のなさよ。とにかく、仕込みだけは何とかする形で、現場はスタッフに一任することにした。すると、思った以上に皆がちゃんとやってくれて。もしかして乗り切れるんじゃないかと、少しずつ思い始めた。

子どもは上が小学校2年生、下が幼稚園、だったのがちょうどこの年から「こども園」に移行したこともあってお弁当も給食になり、夕方の6時までみてもらえる様になっていた。実はこども園の登園初日に嫁さんが亡くなったわけで、もしかしてこども園になるまで待ってくれたのかなと思ったりもした。そのおかげで、昼間は何とか仕事はできるはずなんだけれど、子どもゆえに何が起こるかは分からない。突然熱を出すなんて日常茶飯事のこと。

それまで、シングルマザーの奮闘記みたいなドキュメンタリーをテレビで見ても、「大変だなぁ」位に思っていたけれど、大変どころの騒ぎじゃない。どういうやり方をすればそれができるのか、いまだ分からない。子育てと家庭の雑用って、数時間でできると思い込んでいたけれど、そんなわけはない。一日中ずっと雑用をやっても全く終わらない。周りにもたくさんシングルで子どもを育ててきた人達がいるけれど、ただただ敬服するばかり。凄いですよ！　皆さん。

ただ、世の中は捨てたものじゃなくて、誰かが助けてくれるということもある。うちの場合は、以前「幼稚園を守る会」の活動をやった時に、近所のママ友を含め、数人の方達とコミュニケーションを取って動いていた感じだった。自分も資料を作ったり陳情に参加したりと、そのママ友達と結構顔見知りだったことが本当に幸いした。都会のママ友のとんでもない話はよく聞くけれど、うちのママ友関係はみんな親身になって助けてくれて、あの人達がいなかったら本当に地獄だったと思う。地元のコミュニティーに全く交わってなかったおっさんが、いきなり一人で放りこまれたら……考えるだにゾッとする。慣れない社会運動だったけれど、しておいてよかったと心底思った。

下の娘が小学校に入って以降、少しだけ楽になったけれど、それでも何ともならん時がある。あと自分の体調が悪かったりする時もあるし、時々頭がおかしくなりそうな時もある。時々、と書いているけれど、本当は週に二日位のペースで、完全に壊れる様な状態の日があって、機能停止している時も多々あった。店のスタッフに当たったこともあったし、常軌を逸してる様な状態の時もあった。スタッフの皆は、何で東京の最低時給程度のバイトで、店長のケアまでしなくちゃいけないんだって思ってるかもしれないけれど、それはそれ、うちの店で働くんやから仕方ないと思ってくれ、とわがままなことを考えていた。それが2014年。

客足は上向いてきたが、暗中模索の状態が続く

2011年の終わりから2012年にかけて、日本に外国からの観光客が戻り始めた頃、世界のベジタリアン向けの情報サイトHappy Cowがアプリをリリースしたこと、そして、海外の『地球の歩き方』みたいなガイド本、『Lonely Planet』の東京版に、〝Best Vegetarian Restaurant in TOKYO〟っていうかたちで紹介されたこと、この二つが重なったこともあり、店は外国人の方で埋まる様になってきた。

また、震災以降、皆が食べるものを凄く意識し始めたことも、店を後押ししてくれたんじゃないか、と思っている。例えば、食肉業界に関しても、一部でとんでもない物が流通しているっていうのを多くの人が意識する様になったというか。うちの店はオーガニックじゃないし、放

射能の影響は全くありません、とかうたってるわけじゃないけれど、少しは安全を意識してるっていうことを感じ取ってくれた人もいた様で、少しずつだけれど、客足は伸びていった。

そんなふうに忙しくなったこともあって、朝と夕方の空き時間に仕込みに行くだけではデリの供給が追い付かなくなってきた。仕込めたとしても冷蔵庫も複数台あるわけじゃないし、しかも建物が古くて電圧が低いから、冷蔵庫を増やすこともできない。冷蔵庫を置くのと事務所機能、それからいろいろと他の新たな物販業務とかできればいいかな、と思って、北口君と相談して、店の真向かいの郵便局の上に部屋を借りることになった。

その場所を借りた時には、「もう数ヵ月経ったんだから、何か新しいことができるんじゃないか」と思い込んでいた。いつまでも引きずってる場合じゃなくて、逆に新しいことをやることで、自分も駆動できるんじゃないかな、と。無理して動かないと何も変わらないし……そんな焦りだけがあって、空回りしていたのかもしれない。突然、中古で巨大な印刷機リソグラフを買ってきてそこにドーンと置いたり。

でも、その場所を一年以上借りていたけれど、結局何もできなかった。今から考えるとやっぱり、頭のネジがどこかおかしくなってたんじゃないかな、とも思ってる。店のスタッフはたぶん、「何するつもりなんやろ、あいつ?」って思っていたかもしれない。でも、その時は、それが自分にできる精いっぱいのことだったんだと思う。

レシピ本がもたらしてくれたこと

「なぎ食堂のレシピ本を作りませんか?」と唐突に伝えられた。正直、まさか自分の様な素人が考えた料理のレシピ本を求められることがあるなんて、思いもしなかった。「そんなもんできませんて!」とふつうだったら断るところだけれど、その依頼をくれたのが、古くからの友人でもある編集者、和久田善彦君からだったのがとにかくうれしかった。もちろん、一発快諾。どうも、自分がベジになった当初に mixi に書いていた、日記の様なベジ日誌の様なものに以前から興味を持ってくれていたらしく、店を始めてからも、わざわざ何度か大阪から食べにきてくれていた。元々、彼が『L magazine』の編集部にいた時に、ライターとして毎月お世話になっていた関係。音楽本を作るんだったらまだしも、二人でまさか「レシピ本」を作るとは、夢にも思わなかったけれど。

『関西ぴあ』の編集者ゆえ、当初社内では「どうしてわざわざ東京の、それもベジタリアンの店のレシピ本なんて出すんだ?」と結構否定的な中での出版決定。それゆえに、経費は本当にギリギリ。だから、ちゃんとした出版社からリリースされる書籍にも関わらず、完全にＤＩＹスタイルで作らざるを得なかった。カメラマンは和久田さんの知り合いの衛藤キヨコさん。一般的なレシピ本には絶対必要なスタイリストはナシ! 和久田・衛藤・小田の大阪出身かしましトリオで全ての食器やスタイリングを済ませるという作りに決定。

なぎ食堂で撮影すると店を閉めなくてはいけない、ということもあり、かといってフードスタジオを借りるほどの余裕もなし。考えた末、いつもお世話になっている吉祥寺のキチムで、二日間で50品目以上を作り上げた。正直、他のレシピ本がどの様な形で作っているのかは分からないが、アシスタントもスタイリストもなしで、これだけの短期間で一気に撮影するっていうのは珍しい話の様。でも、やればできるもんだ。最初は手慣れぬ3人だったけれど、作っては撮り、そして食う。その繰り返しで2日目の昼には、すでに段取りが完全にでき上がっていた。あ、これだったらまだまだできるな、と確信した素晴らしいチーム仕事だった。

そうやってでき上がったレシピ本『なぎ食堂のベジタブル・レシピ』。個人的には、あの料理も入れたかった、これも入れたかった、と後で思ったことも多いけれど、今見直しても、よくぞこんな難しいレシピ本をさらっと作ったものだと。いや、自画自賛してどうする。だけどとにかく、日本／中華／タイ／インドネシア／インド／イタリア・スペイン、と国別にざっくりと分けたがゆえに、スパイスやハーブの使用量が半端じゃない。アジア料理を作り慣れている人にとってはふつうだけれど、あまり作ったことがない人にとっては、なかなか大変だったんじゃないかな、と反省材料もたっぷりとある。

ちょうどこの本の発売日前後に嫁さんの病気が発覚し、当初考えていたプロモーションの様なものも何もできなかった。それでも、発売日にamazonの全書籍ランキングで300位以内に入るなど、かなり健闘したと言えるんじゃなかろうか。２０１３年の頭にこの本を出したことで店のことを知ってくれた人も多く、かなりお客さんは増えたと思うし、ベジ料理って何か制約があるわけではなくこんなに自由なんだ、と思わせる様なことはできたんじゃないかな、と思っている。ただ、ひねくれ者の自分としては、ここで発表しちゃったメニューは、何だか店で出したくないなぁと思ったり。いったい全体何のこだわりか分からないけれど。

２０１６年の春に刊行された2冊目の『野菜角打ち〜なぎ食堂のベジおつまみ』も全く同じチームでの制作。タイトルとして「おつまみ」ってことにしてしまったけれど、こちらの方は前作でミスったスパイスの使い過ぎに反省し、ほぼスパイスを使っていない。実はこれ、メチャクチャ簡単な料理ばかりなので、本当は単身赴任のおじさんで、「肉ばっかりじゃあかんなぁ」と思っているあなたにこそ読んでほしい一冊……。でも、この二冊目の方が、かなり斬新で簡単で、自分でもおすすめだと思っている。

レシピ本に関しては、この様なちゃんとした書籍で出すアイディアもまだまだ山ほどあるのだけれど、それよりも自分のリソグラフで印刷した、店に食べにきてくれた人が手軽におみやげとして買って帰ってくれる様な冊子を今、検討している。これは野菜の食材別レシピ集。例えばなすとかエリンギとかキャベツとか、野菜それぞれのレシピを15〜20種類ほど紹介したもの。できれば生産者さんの取材とかもしたいなぁと思っているのだけれど、とりあえずシリーズものとして出していけそうなので、ぜひご期待をば。

老朽化物件ならではの破損、不具合　その①　真夏に、クーラーが壊れた！

お恥ずかしい話ながら、この店は何回も壊れている。他の店がどうかは知らないけれど、気付くといろんな補修ができる様になっているほど、いろんな場所が壊れて、泣きそうになったりしている。うちの店が入る前に、すでに30年近く喫茶店として稼働していたものを居抜きで使っているわけで、厨房施設はすでに限界を越えているというのはよく分かる。オープン時に設備を総入れ替えしていても、そろそろ問題が出てくる時期だから、中古で買ったものをいまだに使い続けるのは無理がある話。

排水の配管が詰まって、厨房が水浸しになったり、ということは定期的に起こる。何かちょっとほっとしたら、絶対何かトラブルが起きる。水道管が破裂するとか、排水が詰まるとか、そういうのって、ふつうは工務店さんにお願いすることなんだろうけれど、ある程度までは自分で直そうとする。もちろん素人なんだけれど、じゃあ他のスタッフがやってくれるかっていったら、できるわけはない。

例えば排水のパイプが詰まって水が漏れてきた時には電話がかかってきて、「わかった」と現場に向かったが、詰まっている部分を取り除けばいいので、必死に詰まりを抜いて。ただ、高圧洗浄機みたいなもので除去しているわけではないので、根本的なものは直っていない。年に一度のマンションの定期検査まで、応急処置的なことで対応している。もし、根本的に直したいのだったら、配管から電気系統から、全て取り替えないといけない。それは、今の段階では経済的に無理がある。すべては金かよ、と思いつつ、その通りだ。

２０１４年の夏の初め、「そろそろ暑くなってきたねぇ」と言っていた矢先、ついにエアコンがぶっ壊れた。空気を吐き出すのだけれど、その空気は生ぬるくて、ブォーっと音を出しているだけ。うわ、どうしよう。クーラーが止まったその日、スタッフの木下君が、厨房で熱中症気味になったこともあり、店をとりあえずいったん閉めることにした。急いで業者にエアコンの工事を依頼。しかし、時は夏の初め、エアコンを付け替えるまで、一週間位かかるとのこと。悩んで悩んで、

「仕方ない。エアコンがない間、店を閉めようか？」

とスタッフに相談すると、以前モロッコとかに住んでいた徳井さんをはじめ数人のスタッフが、

「いや、大丈夫なんじゃないですか？　何とかなるんじゃないかなぁ」

とか平気な顔して言ってる。「嘘っ！　君ら強いなぁ」と驚いた。一度倒れた木下君も、

「やばくなったら店を閉めますけれど、やれないことはないですよ」

とか言ってて。こっちは正直、ダメな時はダメっていう気持ちでいるのに。「ま、何とかなるでしょ」っていうポジティヴさが今のスタッフにあるのを再確認したもの。

エアコンの工事がくるまでの一週間は凄かった。少しでも気休めにと、工事現場とかにある、

細長いダクトが付いていてゴーッっていう感じで涼しい空気を排出するあの機械、冷風扇、あれを一週間レンタルしてきて入り口のところに置いた。また、外に置いた看板に、

「もの凄く暑いです！　暑くてもよろしければどうぞ」

と書いて、ちゃんとお客さんに注意を促した。すると、皆暑いのに入ってきてくれて、モシャモシャと飯を食べている！

「何だか、アジアの屋台みたいですよ」

って。あ、そうだよなぁ。うちの店ってそんな感じの店だし、それでいいのかもなぁ、と。きれいな店やお洒落さが売りの店だと絶対そういうことはできないだろうけれど、うちは「アジアの屋台飯みたいなベジ」なわけで、何を気取るつもりでいたんだろうと思ったもの。

　とはいえ、エアコンの新しいのが取り付けられた時は、本当に夢の様な気分だった。なぜもっと早く交換しなかったんだ、と思うほど。文明の利器の凄みを改めてかみしめたものだった。

老朽化物件ならではの破損、不具合　その②
壁のひび割れから、水が……そして補償交渉

その年の冬、友達が店にきてくれた時に、小上がりになってるところに座っていろいろしゃべって「じゃあね」と帰っていった。皿やコップを片付けていたら、彼らが座っていた小上がりの横にちょっと水がこぼれていた。「あいつら、こぼしたまま何も言わずに帰りやがって」と思い雑巾で拭こうとしたら、「あれ、これちょっとこぼした量と違うぞ」ということになって。

実は、あの小上がりのスペースは、横が扉になっていて、そこをちょっとした倉庫にしていた。昔、作っていた雑誌や本、うちのレーベルのCDなんかの在庫が結構びっしりと収納できる様になっていて。で、水が出ている場所の扉をパコって開けたら、水が「ザーッ」と出てきた。「え?」と言葉も出なかった。すると奥の方はもう、本やCDがぐっちょぐちょになってカビている部分もあって。「うわ、大変なことになってしまった。どうしよう」と。その日はもう、営業は無理と思い、店を閉めた。中に入って調べてみると、マンションの躯体自体の壁に、もしかして震災の影響かもしれないが、クラック(ひび)が入っていて、そこから水が漏れていた模様。どういう状況なのか、それはもう、壁を壊してみないと分からないけれど、「染み」っていうレベルじゃなく、水が漏れてる状態。もう、どうしようもない。

そのおかげで、そこに置いていた自分達で作った本の在庫『Songs in the Key of Z』が250冊、在庫のCDが600枚位、個人のCDが200枚位、あとデジタルミキサーや他の音響機材とか、いろんなものが全てダメになっていた。夏にエアコンが壊れ、新しいエアコンを入れてようやく落ち着いてこれからがんばろうって思っていたところにコレ。まさしく泣きっ面に蜂。

年末も押し迫ってきた頃、管理会社にももちろん連絡してみたものの、一向に連絡がこないので、毎日毎日自分達で水を掃き出していた。本や何かも、全部カビカビになって、もちろん使い物にならない。でも、保険調査員がくる前に現物を捨ててしまったら、保険が下りないこともよく分かってる。それまで現物を残しておくしかない。

「早くきてください！」

と頼んでいるにも関わらず、全然こない。結局1週間位して管理会社が見にきて、保険会社の調査員は3週間位経ってやっときた。店を休みにして、入っているもの全てを出してきて、補償してもらう為に一個一個チェック。その後にそのほとんどを捨てた。でも正直、簡単に捨てられるもんじゃない。自分達が作ったものだし、これは作品なんだから捨てられない。

もちろん壁にはまだクラックがあって、水の染み出しはまだまだ続く。毎日2回は水を掻き出さないとダメ。なのに、結局修繕が行なわれたのは2月の頭。正月も休んでいる間に水浸しになったらどうしようと、水を掃き出しに出かけて。結局、2月の中頃に3日かけて工事をしてもらい、何とか水が止まった。ようやく、その間約2ヵ月、スタッフもよくぞブチ切れずに毎日水かきをしてくれたものだ。感謝。

休業補償に加え、在庫商品の補償の話がようやく進み始めた。自分達が入っている保険ではなく、保険会社の顧客であるマンションの管理組合が加入の保険ゆえ、完全にナメられていた。

「本とCD、これは2800円で、これは2000円で……」

と細かく伝えてみたにも関わらず、

「では、それぞれ10％の補償でどうでしょう？」

との回答。もはや目が点。

「いや、これらの原材料費っていくらなんですか？」

と聞いてくるので、

「CDだったら1000枚作って、プレス代だけで20万位です」

と答えると、

「では、単価は新品で一枚200円ですよね」

と……。

「話ならんわい！　保険屋やったらちゃんと調べてから答えろ」

とブチ切れて、それ以降連絡しなかった。すると、案の定ずっと連絡がなくなって。こちらも毎日の生活でバタバタし過ぎて、時に忘れてしまいそうになって、いかんいかん、と。


それで数ヵ月間があいてようやく話し合いを再開。

「とにかく10％の補償なんて話にならん。少なくとも流通への卸の価格（50～60％）を基準に考えてください」

と掛け合った。もはや個人で直接保険会社と交渉しても埒が明かないので、マンションの管理会社と話を進めることに。ただ、自分達は「物件を借りてる」ってことで、本当だったら「貸借人」として正当な権利を持ってるはず。なのに、なぜかこの国では、不動産会社も含めて賃貸人の権利ばかりが尊ばれて、貸借人は権利を主張しちゃいけない様な空気がある。「そんなこと言うんだったら出ていってください」と言われるんじゃないか、みたいなイーブンな関係性じゃない。もちろんそんなことはないんだけれど、自分達を守ってくれる人達が誰もいないのが、貸借人。

ただ、この7年間、特に家賃の滞納もないし、騒音の問題も何も起こさずにちゃんと営業してきた。なのに保険会社にナメられて、管理会社に無視されて。これは誰かを味方に付けなければ闘えないと思い、仲介の不動産屋のおやじさんを味方に付けることにした。オープン当初に大げんかした人だけれど、その後7年ですっかりいい関係になっていたことも幸いしていた。先制攻撃で、

「管理会社が全く仕事しなくて困ってるんですよ！　助けてください、おやじさん！」

と、珍しく情に訴えた。するとおやじさんも、

「あいつらさぁ、言わないと仕事しないんだよ。俺が一言、言ってやるよ！」

と一銭にもならないのに男気を出してくれた。それでようやくまともに向き合える様になった。その結果、管理会社が対会社どうしで保険会社と交渉、何とか補償額を40％位まで引き上げることができ、ようやく決着を付けられた。「よかった」というよりも、「最初からそれ位出せるくせに、ズルしようとしやがって」という気持ちの方が強いけれど。

何の後ろだてもなく個人で動いていると、本当にそういう会社や企業の理屈や力関係に簡単に屈してしまいそうになる。世の中のズルいよなってつくづく思う。この時だって、一応7年間悪いことせずにやってきたっていう蓄積があるからこそできることであって、オープンして半年位で同じ様なことがあったとしても、たぶん言いなりになるしかなかっただろう。

社会って個人に厳しいっていうのは痛いほど知ってる。だから、できれば距離を置こう、と思ってずっと生きてきたけれど、もうそんなことは言っていられない。本当なら、この位の歳になれば、ちゃんと社会と対峙して、闘わなくちゃならないこととは闘う。もちろん、それ以外に何かしらの手段や方法を自分で見つけない限り、インディペンデントで活動し続けることはなかなか難しい。ただ、弁護士を雇うなんてことはできるわけもないから、地道に社会の中でつながりを一つ一つ作っていく、という方法しか、今は考えられないのだけれど。

ライフワークを追い求めることと子育ての間で

「日日薬」っていう言葉があるけれど、嫁さんが亡くなった後、自分の中でも理解できない様なことを山ほどしていたのが、少しずつ少しずつ、物事をまともに考えられる様になってきた。ただ、三回忌位までは、今から思うと、どっかネジが外れていたよなぁ、と思う。

店の事務所代わりに部屋を借りるなんてこと、よく北口君も了承してくれたと思う。その場所で、なぎ食堂の次なる展開を模索していた部分もあるのだけれど、何か新しいこと、次のことを始められる様な余裕はなかった。そこで何かあえいでいたんじゃないか、と思う。

店を続ける、料理を作るっていうことは、もちろんやらなくちゃいけないことで、これから先もずっとやっていくことだと決めている。ただ、自分の中でやりたいことというのが、ぼんやりとだけれど分かってきた。それは、自分は「料理人」になりたくて店をやっているわけじゃないんだろうな、っていうこと。うまく説明できないけれど、ずっと編集者的なことをしているんじゃないかなと思っている。ゼロから何かを作り出すわけじゃないけれど、何かを作ることのサポートだとか、人と人をつなげたりだとか、停滞しているものを動かしたりだとか……。そういう仕事が自分のテーマになっているんじゃないかなって思う。その中の拠点として、「場所」というものにこだわり、店を始めたんじゃないかな、と。

何を求めてやっているのかは分からない。ただ、「インディペンデント」の可能性を追いかけてみたい、というのはずっとある。料理を作って食べてもらうっていうことだけじゃなくて、それをどういうふうに作っているのかを伝えたいと考えてレシピ本を出したこともそうだし、この本だって、「どうやって、自分達で場所を作ったか?」という話を伝えているつもり。本当は、こんなつまんない自分の話なんてしたくない、と抵抗したのだけど。

店に関しては元々、世界一のベジ料理を作りたくて始めたわけじゃなくて、「こういう料理を考えたんだけれど、ど、どうすか、皆さん?」と、お客さんに提案することがコンセプトだっていう気がしている。そういう意味で言えば、まだまだ料理でやれることはある気がして。渋谷の店は、今、ちょっと忙し過ぎて新しい実験や開発ができなくなっているから、新しい店を武蔵小山に作ったということもある。あの場所を実験室にして、いろんな料理や、料理を出す方法等を考えていければ、と思っている。だから、この二軒は姉妹店だけれど、コンセプトとか料理に対する考え方とかは全く違うかもしれない。また、それ以外でもこの場所をベースとして、文章を書いたり、編集したり、それをこの場所で売ったりする、という様に、まだまだやれることが山ほどある様に思っている。

ただ、子育てに関しては、子どもと少しでも長い時間一緒に過ごす為に全てを費やしている部分はある。特に用事はなくとも、親が家にいない、という状況を少しでも減らしたい。もちろん、「親はなくとも子は育つ」ということは重々承知している。実は子どもの為じゃなくて、自分が親になる為にも少しでも多く子どもと過ごそうと考えているのだ。でもここだけの話、「子どもと付き合うのは面倒くっさぁ」と思うことも多々ある。理屈が通じないし、すぐに部屋汚すし、わがまま言うし、馬鹿だし。そんな愛憎に相まみれながら毎日を過ごしている。

数年前、ザ・カクテルズのマーク・グリーンバーグが娘を連れて日本に遊びにきたことがあり、少しだけ東京をアテンドしたことがあった。彼に、

「なぜ、子どもを連れて日本にきたの?」

と聞くと、

「約束していたんだよ。15歳になった時、世界中の行きたい場所に連れて行ってあげるって」

と。それって凄くいいなぁと思って。彼の息子も15歳になったら、お母さんと一緒にどこか別のところに行くらしい。家族旅行じゃなくって、一対一というのが何とも羨ましくて、ちょっと感化されてしまった。そこで、今10歳の息子に、

「よし、お前が15歳になったら、俺達も二人でどこかに行くぞ。どこに行きたい?」

と聞いたら、

「うーん、いろいろあるけれど、今はアイスランドに行きたいかなぁ」

と。え、ちょっと意外。どうしてアイスランドに行きたいのと聞いたら、

「アイスランドには軍隊がないんだよ。でも平和なの。犯罪率も世界で一番低いしね」

それは知らなかった。

「でも、アイスランドなんて何もないところやろ?」

と告げると、

「だから、何もなくていいんだよ」

まだまだ分からないけれど、今のところそんなに間違った子育てはしていないんじゃないか、とちょっとだけ思っている。

「これが必要なんじゃない？」と問いかけていきたい

世の中全体が悪くなってきて、自分も含め、多くの人達の心の余裕がなくなってきているんじゃないかと、不安な気持ちがずっと続いている。自分達がやってきたこと、例えば、本を作ったりレコードを作ったり料理を作ったりすることは、その心のゆとりというか、のりしろみたいなものとつながり合い、それを食い扶持にしてきたつもり。そののりしろがなくなったらどうしたらいいのか、分からなくなってしまう。その為にも、本当はやりたくもないけれど、社会とちゃんと向き合い、考えを伝えていかなくちゃいけないのかな、とずっと思ってる。まぁ、あえて声高に語らずとも、自分らがやってることは社会的な行動だという気持ちはずっとある。

CDを作ることだって、これまでは「この音楽が好きだから」というシンプルな理由で作ってきたけれど、最近は「こんな音楽が人に伝わらないのが悔しい」という気持ちで作っている部分も少なくない。社会というか外側に対して、「今の時代、こんなものが必要なんじゃないか？」と問いかけていきたい気持ちは常にある。

あと、これまで知り合った人や付き合ってきた人との関係性をもう一度ちゃんとつなぎ直すことをしなくちゃと思い直している。震災以降、本当に信じられるのは個人間の関係性だな、と思いつつも、この数年間のバタバタで途切れちゃった部分も少なくない。そんな関係性の一つ一つから、また新たな展開が考えられるんじゃないかなぁ、と。また、家庭という自分らの小さな社会を守ろうとすればするほど、外の社会と疎遠になっていくっていうのはよくないなぁとも思ったり。そのあたりのバランスをこれからちょっと変えていかなければダメだな、と。

ただ、『map』を一緒にやっていた福田君と話したことなのだけど、なぎ食堂をやっていても、自分達はやっぱりアンダーグラウンドな立ち位置。ポピュラリティーのある場所にいける可能性はあるんだけど、心のどこかでそれを避けている部分ははっきりとある。でも、白か黒か、二元論的に考えるんじゃなくって、別の方法を考えるべきなんじゃないかな、ということを模索している。逆に、もっとかたくなになってポピュラリティーを拒絶し、ごく少数だけれど熱狂的な支持を受けるということには、あまり興味は持てないし。

先日、以前うちの店で働いていた埋橋夫婦が始めた長野は伊那のゲストハウスや、うちのスタッフのゴミフミコの実家でもある山梨のみそ蔵に、出張なぎ食堂と称して、ごはんを出しに出かけていったことがある。多くの方にきて頂いて本当に感謝なのだけれど、地方に行けば行くほど、白でも黒でもないグレイゾーンを受け入れなければやってはいけないということを思い知る。東京や大阪だと、自分達の狭い守備範疇でギリギリやれるかもしれないけれど、地方だとやっぱり難しい。この先東京を離れて何かをしようとする限り、このようなジレンマから離れることはできないんじゃないかな、と思う。

また、「本当にやりたいことなんかない」と抜かしつつ、本当にやりたいことは、1年半前に手に入れた二色刷りの簡易印刷機リソグラフ……これは武蔵小山のなぎ食堂の入り口にドーンと置かれているのだけれど……を使って、小さなメディアを作ることだったりする。これまでは知り合いのミュージシャンやデザイナーのフライヤーを印刷してきたのだけれど、カラードラムも9色ほど用意できたし、そろそろ作品みたいなものを作っていければと思っている。まず第一に、なぎ食堂とその周りのミュージシャン達を紹介する雑誌をスタートさせようと鋭意執筆中。こちらは当初は純粋に音楽誌のつもりで作り始めたのだけれど、作っている間にちょっと形が変わりそうな予感。

この店頭での物販に関しては、これまで何度もやろうとして、ちゃんと手がかけられずに終わっている。基本、飲食と物販は全く別の業種であるということを、9年かかってようやく知る。よい物、面白い物ならば勝手に売れるわけではないというのがやっと分かったというお恥ずかしい話。とにかくこれからは「いかにして売るか?」という修行をしようと思っている。

とにかくウェブではない、手に触れられるメディアを作るということ、そしてそれで闘うこと。それはきたるべき自分の老後に向け、やるべきことなんじゃないかなと思っていたりする。

新しい店に託す夢とその先の展望

今年の3月に、武蔵小山の平和通り商店街という、小さな小さな商店街の中に、なぎ食堂の新店舗をオープンした。「2号店ってやるねぇ」と多くの人がうちの店が景気がいいと思っている様だが、それは大間違い。内情は火の車。それまで借りていた渋谷の事務所スペースが、結局、物販もできなかったし、利益を出していくことができなかったこともあり、その無駄家賃を払う位であれば、別の場所に小さな店をやって、そこで料理の仕込みやテイクアウトのデリショップを作れれば、というのが真相。

また、嫁さんの三回忌も越えたこともあり、もう少しだけだったら自分が現場で働けるんじゃないかということも考えた。ただ、子どもがまだ小さいこともあり、あえて目の届く自宅の近所で店を探した。そうすれば、何かあった時にいつでも家に帰れるし、夜は子どもに店にこさせてごはんを食べさせればいいし、先日も店で宿題をやらせていた。昔ながらの「自宅兼お店」に近い感じでできればいいかな、と思って。あと、団地育ちの自分にとって、「お店の子」が、子どもの頃からうらやましかったんだ！

正直言えば、武蔵小山店のオープンのずっと前から、自宅周りで物件を探していた。武蔵小山の平和通り商店街という自分が好きな商店街があり、歩いていると、ずっと気になっていた店舗がどう考えてもクローズしてしまった「負けた感いっぱい」の状態になっていた。これは「もしや？」と思い、ネット／リアル共にいろんな不動産屋さんに網を張っていたら、ちょうど物件の情報が外に出たのを発見。急いで北口君と相談して、あっという間に決めた。もちろん、それ以前から次にどういう店をやりたいか、ということは考えていたのだった。

北口君の地元は香川県の高松。今は東京でフリーで編集者をやっているけれども、子どもがもう二十歳を過ぎたこともあり、この先、香川に戻るということも視野に入れているそう。また、自分もこの先、どこか別の土地に行くかもっていうことは常に考えている。そして、自分達二人は、この9年間、一緒になぎ食堂をやってきたという自負がある。いろんなヤバイことだらけだったし、一度はやめようか、とさえ思いながらも、乗り越えてきた。だからこそ、せっかくこの10年近くやってきたことを無駄にしたくはないし、それでもこの店を続けているのは、この先の自分達の人生とつなげる為でもあるから。

編集者という仕事は、自分も続けるだろうし、北口君も死ぬまで続けると思う。でも、体力も脳の力もどんどん衰えるし、新しいことをやろうとすること自体、昔より何倍も時間と労力がかかる。歳を取ったことによるスキルなんて、新たに何かをやる上で、何の役にも立たないことを自分達は知っている。また、面白いことを考えられる人間はどんどん出てくるし、馬車馬の様に働ける奴らも山ほどいる。そんな状況の中、自分達が小さな店でも何でもいいから、そういうのを持ちながら、二足の草鞋を履く様にやっていければいいな、と常々話している。

北口君は料理はできないけど、なぎ食堂のこれまでの経営をやってきたノウハウっていうのはあるわけで、それを香川に持っていけば小さな店を始めて、本当に作りたい本の編集者／ライターとしての仕事に加えて、ある程度の生活費は稼げるんじゃないかと。ただ、地元に戻ったり、別の場所に行く時に、その土地に文化なり経済なり、何かを還元できる様なものを持っていかないと、それは単に搾取にすぎないとも思う。だから何か特別なものを持って行く為に、今のなぎ食堂のアイディアを深めてみたいと思う。

また、自分はともかく北口君にとっては、なぎ食堂を続けていくことでプラスになることは少ない。それでも彼が続けているのは、彼が将来的にこのノウハウを生かして何かすることを見通しているから。そして、武蔵小山の新しい店は、その次にやろうとしていることのサンプルになっている、つもり。基本一人でオペレーションして、どういう料理をどの様に出したらどういう反応があるか、という実験的な部分を試していたりする。

渋谷は不特定多数の人が集まってくる場所で、外国人も多い。しかし、武蔵小山は、目黒や品川の外れの地元の人しかこない様な場所。でも、ここである程度店が成立する方法を編み出せれば、高松でも松本でも、岡山でも広島でも、金沢でも京都でもできるんじゃないかと。そういうことのモデルケースとして始めた部分がある。

将来的には、いわゆるフランチャイズ展開とは全く違うんだけれど、このシステムがある程度イケるってなったら、他の土地でうちみたいな店をやりたいって人とつながり合って、いろんな場所でなぎ食堂をやれないかな、と考えている。いつかうちの店のシステムや料理をマイナーチェンジしつつ、東京以外の地方地方に小さな店を作り、その土地の知り合いに任せることはできないか、と。もし地方でご興味のある方は、ぜひぜひお気軽にご連絡をば。

また、地方地方に店ができたら、うちで働くミュージシャン達が地方にツアーに行った時の活動や宣伝の拠点ができるし、時には2日3日、現地にゆっくりと滞在しながら彼の地の人達とコミュニケーションを取りつつ、同じシステム同じ料理での運営ゆえ、ちょこちょこ働いて小銭を稼ぐこともできる。地方のなぎ食堂で働くスタッフは、東京での用事を済ませている合間に、東京のなぎ食堂で働くこともできる。なぎ食堂でなくても、ベジ屋でなくてもいいから、こんな「個人店舗」のノウハウみたいなものを活かしてネットワークが作れたらいいなぁと思っている。あくまでも妄想の領域だけれど。

実を言えば今、スタッフがとても充実していて、彼女達、彼らの力量をもっとうまく活かせる様に、仕事の可能性を広げようとしている。武蔵小山のなぎ食堂で進めようとしているのは、念願のオリジナルピタパンをベースとしたファラフェルサンドだったり、夜の営業で、日替わりのベジカレー屋を始める等考えていることは多い。ケータリングに関しても、新たにできればなぁとも思っているし、別の場所でなぎ食堂のお弁当を出す計画も進めている。武蔵小山〜西小山近辺にある地元のいくつかの面白いお店と協力し合って何かできないかなぁ、とも。

また、渋谷に関しては、前項で述べた通り、物販のコーナーの担当者をつくり、スタッフにちゃんとお願いして、もう少し本やＣＤ、その他の商品を管理、仕入れて売ることができればと思っている。でも、基本のお店での仕事がバタバタし過ぎて、まだまだやりたいこと、やらなくちゃいけないことまで手が届かなかったりする。ただ、自分がお願いしてやってもらうのじゃなくって、スタッフの人達が、各々勝手にいろんなことを進めてくれているのが、今、とにかくうれしい。

この先、売上がどんどん下がっちゃって店を維持していけないこともあるだろうけれど、それよりも「店という場所でやりたいことがなくなる」ことが一番怖い。ただ、まだまだやりたいこと、やれることがある限り、たぶんこの店は続けていけるんじゃないか、と思っている。というか、まだ、９年前のオープン当初やろうと思っていたことの十分の一もできていやしないじゃないか！　さっさとやれ、このオヤジ。

と、書いている矢先、今、店の方から

「壁の中にある水道管から水漏れがあるみたい。〝シャー〟っていう小さな音と共に、壁の染みがどんどん大きくなっています。何とかして！」

と連絡が。マジかよ！　何とかしなくちゃ。

「とりあえず石膏ボードを叩き割って中がどうなってるか確認して！」

と告げ、漏水テープを片手に今日も店へと向かうのだった。冗談の様な本当の話。じゃ、忙しいのでまたお会いできる時を！

あとがき

店を始めて以降、ほぼ毎朝買い出しに行ってる祐天寺の豆腐屋のオヤジさんと、今朝話したこと。

「オヤジさん、考えてみたら、この9年、一度もかぜで休んだりしてないね」

「なぁにを言ってんだい。こちとら休めるような身分じゃねぇんだよ」

「いや、この際〝毎日豆腐食ってるから健康なんだよ〟って宣伝してみたらどう?」

「馬鹿言っちゃいけねぇ。そんなこと抜かしたら倒れるにも倒れられねぇし、豆腐にそんな力ねぇよ」

「言い切るなぁ、でもそうだよなぁ」

「そんなもんだよ。馬鹿言っちゃいけねぇ!」

当たり前のことを毎日当たり前にやってるオヤジさん。お母さんが足を悪くして入院した時は少し落ち込んでいたけれど、それでも十年一日のごとく、毎日こっちが話す浮足立った話をいつもピシャリとたしなめてくれる。当たり前のことをずっと続けることが、どんなに大変で、どんなに凄いことなのかということをオヤジさんにいつも教えてもらってる。自分がオヤジさんの歳になった時に、あんなふうに仕事と向き合ってられるのかな、といつも思う。いや、到底無理だ！

　飽き性で、次に何やるかばっかり考えて、足元がふわふわとしていた自分、でも一気にこの9年を遡ってみたら、思ったよりもまじめにやってきたもんだ、と。

　正直、この数年は嫁さんのこともあって抜け殻が中華鍋振っていたけれど、こうしてふり返って溜まっていたものを吐き出すことで、少しだけ前に足を進められたのも事実です。そんな機会を与えてくれた編集の内山欣子さんにはただただ感謝。また素晴らしい絵と装丁を施してくれたカレラの阿部伸二君と庄子結香さんに感謝、そしてなぎ食堂を続けてこられた最大の功労者、北口大介君に感謝、なぎ食堂の歴代スタッフの皆にとにかく感謝。もちろん朔美とみつ香という二人の子ども達と犬のタラモ、そして妻の裕美に心から感謝！

　さぁ、これから何をしようか？　いやいや、それよりもまず、今日一日の仕事を一つ一つやるだけだ、馬鹿言っちゃいけねぇ！

2016年11月

著者プロフィール

小田晶房（おだ・あきのぶ）

1967年京都府生まれ。音楽誌の編集者を経てフリーのライター／編集者に。その後、福田教雄氏（Sweet Dreams）とのインディーマガジン『map』の発行、二階堂和美やトクマルシューゴを輩出したインディーレーベル、compare notesの運営、海外アーティストの招聘業務などを行う。2007年12月、渋谷の鶯谷町に、素材に肉や魚を用いないベジタリアン食を提供する「なぎ食堂」をオープン。ボリュームがあり、エスニックテイストも取り入れたしっかりした味付けのメニューで女性向けのベジカフェ等とは一線を画す店づくりを展開し、話題となる。2016年には武蔵小山に二店舗目を開店。二児の子育てと仕事に追われるシングルファーザーでもある。著書に『なぎ食堂のベジタブル・レシピ』『野菜角打　なぎ食堂のベジおつまみ』（ともにぴあ）がある。

渋谷のすみっこでベジ食堂

2016年12月14日　初刷発行

著者　小田晶房

発行者　井上弘治

発行所　駒草出版　株式会社ダンク　出版事業部

〒110-0016

東京都台東区台東1-7-1　邦洋秋葉原ビル2F

TEL 03-3834-9087　FAX 03-3834-4508

http://www.komakusa-pub.jp/

カバーデザイン　庄子結香（カレラ）

カバーイラスト　阿部伸二（カレラ）

印刷・製本　株式会社加藤文明社

2016 Printed in Japan　ISBN978-4-905447-74-0